多文化共生社会の保育者

ぶつかってもだいじょうぶ

J.ゴンザレス-メーナ 著

植田 都・日浦直美 共訳

北大路書房

Multicultural Issues in Child Care 3rd Edition
by
Janet Gonzalez-Mena

Copyright©1993, 1997, 2001 by Mayfield Publishing Company
Japanese translation rights arranged with The McGraw-Hill Companies, Inc.
through Japan UNI Agency, Inc., Tokyo.

訳者の序

　現在日本の公教育を受けている外国人児童生徒数は8万人近くとなり，この数は10年前に比べると急増しています。保育所・幼稚園においても同じ傾向が見られます。このような実状をふまえて私達は教育・保育のあり方を見直す時期にきていると言えるでしょう。

　従来，わが国にはさまざまな文化的背景を異にする人々が居住していましたが，それにもかかわらず，お互いの文化や価値観を尊重しながら調節し合うことよりも，文化的背景を異にする人々が日本の主流文化に同化することがあたりまえだと考えてきた歴史があります。ところが，いわゆるボーダレスな国際社会の形成が進行するなかで，日本社会の「内なる国際化」の必要が論じられるようになり，さらに，近年では，中国からの帰国者，インドシナ難民，外国人労働者などが参入して，日本社会の民族的・文化的多様性が年々増してきました。そしてこれまで無意識に「よい」とされてきたやり方，「正しい」と思っていた考え，「あたりまえ」と感じていたことなどをあらためて見直す必要が出てきました。時代の流れの中で民族・文化的背景を異にする人々がわが国に多く居住するようになったことで，これまでの問題が顕在化したと言ってもよいでしょう。

　このような社会の変化は，保育所や幼稚園といった就学前の保育施設にも大きな影響を与えています。訳者らの調査（2000年度実施）によれば，保育者のみなさんは，非常に熱心に，また献身的に当該の子どもやその親に対応しておられるのですが，私達は，その対応の方向性に疑問をもちました。多くの保育者の方々が，文化的背景を異にする子どもやその親達を熱心に「日本人化」しようと努力しておられるのです。そこに私達は，従来のわが国の教育がもっていた同化傾向を感じました。せっかく日本に来て暮らすのだから，早く日本語を覚え，「日本人のように」過ごすことがその子ども達のためだと信じておられるのです。それは一見非常に親切で熱心な援助のように見えます。でもその対応が本当に子どもにとってベストな方法なのでしょうか？

　また，子どもは一人ひとり違っていて当然ということは十分理解したうえで，それでもなお，「子どもは世界中みな同じなのだから，文化的背景を異にする

子どもがいても何にも問題はない」「幼児期にわざわざ子どもの間にある文化的違いに注目するよりも、みんななかよく同じように過ごすことのほうが大切だ」と子どもの背景にある違いに目を向けることなく「子どもの心は大人より柔軟だし、日本語もすぐに話せるようになるから、問題なく楽しく過ごしている」という安易な受けとめ方になってしまっていることも気になりました。しかし、保育者の中には外国人の家族がなかよくお互いを大事にする生き方から多くを学んだり、子育ての違いを学んだりする姿もうかがえます。多くの保育者にとって外国人の子どもや親との関わりは慣れない体験であるため、どのように関わったらよいのかと、とまどったり試行錯誤しながら努力している姿が見えてきます。これが今の保育現場の現状ではないかと思われます。

　長年、日本人は日本で暮らしている限り日常生活の中で文化的摩擦を感じることはほとんどありませんでした。ですから、文化的背景を異にする人々と出会っても、ついこれまでのやり方や考え方の範囲内で、新しい出来事や出会いに対処してしまおうとしがちです。また、困った時には、方法論を求めて手軽なハウ・ツーを知ろうとします。具体的な対処法はもちろん大切ですが、より重要なことは、方法論を支える保育者の価値観、考え方だと私達は考えています。

　本書は、多文化化し相互依存性を増している現代社会で、保育に携わる保育者のためのガイドブックです。特に子どもと関わる大人の間で文化が異なる場合、価値観や子育て方法の違いをどのようにとらえ、尊重したらよいのかについて書かれています。文化的背景が異なるために保育者と子どもの親の間で、あるいは、保育者間で保育や子育てに関する考え方やその方法が異なっている場合が見受けられます。このことによって間にはさまれた子どもはとまどうことを読者のみなさんは十分理解しておられると思いますが、具体的にはどのように考えたらよいのか困っておられることが多いのではないでしょうか。本書が扱っているフィールドは、さまざまな人種が共生するアメリカ合衆国の保育現場であるため、これはアメリカのことであって、わが国の事情とはかけ離れていると感じられるかもしれません。しかしながら読み進まれるうちに、本書の内容がわが国の保育にとっても非常に示唆的であることを理解されることでしょう。人は相手との違いに気づく時、初めて自分自身について気づかされま

す。他者との価値観の違いに気づくということは，同時に自分自身の価値観や固定観念を見つめ直すことになるのです。保育の現場に文化的背景の異なる子どもがいてもいなくても，価値観が多様化しているわが国において，ものの考え方や感じ方が異なる他者と，いかにお互いを尊重し合いながら新しい関係をつくりあげていくかということは，保育者の今後の大きな課題の1つです。この課題を通して，保育者が現在の保育や自分自身を見つめ直すことが求められていると言ってもよいでしょう。本書を手にとられたみなさんが，日常の保育のなかで，何気なく行なったり，言ったりしていることを，あらためて「文化」とか「民族」というフィルターを通して考えてみられることを，また，人との関わりにおいて，これまで意識していなかった「自分」について気づかれ，そのことを実践に活かされることを期待しています。

　本書は，新しい時代の保育者に，重要な「気づき」を与えてくれることでしょう。その「気づき」があるかどうかが，保育者としての，また，人間としての豊かさを大きく左右するものであると私達は考えています。未来を担う子ども達のために，保育者がその専門性と人間性を豊かにすることが一番大切だと考えて，私達は本書を翻訳しました。本書が，保育者のみなさんや，子どもと関わる多くの方々にとって，「気づき」への指標になることを願っています。

　本書は8つの章によって構成されています。
　1章は文化に関して述べられています。私達は日常，無意識に文化的枠組みの中で生活しています。そして自分のやり方が正しく，ふつうだと思い，自分自身の見方をもとにして他人を判断しようとしがちです。しかしながら，もし保育者が偏見をもっていたり，文化の違いを無視する態度で保育にあたっていたとしたら，子ども達にどのような影響を与えてしまうかが述べられています。また，文化多元主義を保育のなかで目標にしていくには，違いに対する理解が不可欠だと説いています。人は生まれた時からその民族の一員になるように育てられていることの例や文化的相違の例を示しながらわかりやすく説明しています。そして保育者は，それぞれの家庭でのやり方に耳を傾け，相手の文化を知ることから始めることが大切であり，適正な保育では対話が求められることが強調されています。

2章では，保育所や幼稚園の中で，文化の多様性が増加している事実に基づき，保育者が異文化コミュニケーションを理解することの重要性が書かれています。また，保育者が保育現場でそれぞれの子どものもつ文化を親からどのように学んだらよいのかも語られています。読者のみなさんも保育にあたってのご自分の対応を確認なさったり，新たに気づかれたりしながら大いに参考にしていただきたいと思います。子どもは乳児期から自分のアイデンティティを形成し始めています。その時に肯定的な民族意識をもち，自分の文化から強い肯定的なモデルをもつことが大切であると語られ，乳幼児期の親や保育者の対応がいかに重要であるかが再認識させられます。

　3章では異なった文化が接触した時に起こる摩擦について書かれています。摩擦にどのように対処し解決していくかが，さまざまな視点から保育現場での事例をあげつつ述べられています。これは日本の保育所や幼稚園においてもしばしば経験する，保育者と親，保育者どうしで起こる摩擦への対応にもとても参考になります。特に摩擦を解消するための［RERUN］という方法について原著者が考えたアイディアはなるほどと思わされます。

　4章では乳幼児の食事と睡眠について親や保育者の対応の違い，考えの違いがあり，そこに起こる摩擦をどのように解決していくかが述べられています。食事と睡眠は保育所や幼稚園においても家庭においても大事な生活の基本的なことであり，たいへん興味深く読むことができます。それは私達の見解を広げ，視点を豊かにしてくれます。

　5章は，母子間の愛着と分離について書かれています。愛着理論は，児童精神医学で世界的に有名なジョン　ボウルビイ（J. Bowlby）によって提唱され，わが国に紹介されました。大部分の保育者は，この愛着理論を疑いもなくそのまま受け入れ，この理論を通して子どもを観察，理解しようとしたり，子どもの親と関わったりしています。しかし，原著者は，愛着の形成過程やそのあり方が民族文化によって違うということを私達に気づかせてくれます。私達自身が育ってきた過程や，子育ての方法において，愛着はどのように形成され，またどのような意味をもっているのでしょうか。さまざまな愛着と分離の形があることを理解するとともに，わが国の母子間の愛着と分離についてもあらためて考えてみてください。

6章では，遊びのとらえ方が文化によって異なるということが述べられています。幼児の遊び場面において，保育者が何を大切に考えるかということが，保育の環境構成に反映することは誰もが認めるところでしょう。このような保育者の価値判断は，子どもが遊びを通して何を学び，どのようなことを身につけるかということに影響を与えています。そして，保育者の価値判断は，その人の背景にある文化と密接に結びついているのです。ですから，私達は無意識に自分の文化を通して子ども達と関わっていると言えるでしょう。まず，このことに心を留め，私達の実践について振り返ってみましょう。原著者は，子ども達と関わる時，私達が文化の送り手であるということに気づくとともに，自分の文化にこだわることをやめて，もっとさまざまな文化的違いに敏感になる必要があることを強調しています。

　7章では，個人志向の文化と集団志向の文化では，子どもの社会化や指導，しつけに関して，その方法や考え方が異なっていることが述べられています。このような「違い」が原因で，大人どうし（保育者と親，あるいは保育者どうし）の衝突が起こることがあります。この章ではどのような衝突が起きるか，その例をあげながらわかりやすく説明しています。これらの衝突例には，読者のみなさんがすでに経験しているものや，想像できることが含まれているでしょう。しかしなかには，初めて知ることもあるのではないでしょうか。この章を通して，知らなかったことを知ることにより，また，気づかなかったことに気づくことによって，視野をより広く，深く，豊かにすることができるでしょう。

　原著者は，価値観のはざまにいる子どものために，大人どうしが相手に対して心を開き，お互いに関わり合うことが重要であると述べています。このような行動と相互作用を通してのみ，「違い」は意味をもつということを私達は心に留めたいと思います。

　最後の8章は，本書のしめくくりです。原著者は，「違いから生じる問題を解決し，お互いの間にある違いとともに生活し，違いから学び，違いをたたえる」ことの大切さをあらためて強調するとともに，私達が異文化にふれる時，気づいている「違い」だけでなく，気づいていない「システム」によっても困難が生じると述べています。そして，自分と異なる人々と関わることによって，

初めて人は，自分の属している「システム」や自分自身に気づくことができると述べています。

　本書は民族・人種を中心に書かれてはいますが，最後に性や年齢などについてもふれています。人々の間にある「違い」にあわせて，自分自身の中にある「システム」を調整することで，私達は生活の仕方を変えることができます。お互いの「違い」を認め，尊重し合うだけでなく，そこにある多様性をより豊かな生活へのエネルギーにしていくこと，このことこそが私達に求められているのです。原著者は，子育てを通して，それができると訴えています。ですからぶつかっても大丈夫なのです。

　自分のもっている意識を変えていくには時間がかかるかもしれません。でも子ども達は日々どんどん成長していきます。保育実践の場で本書を大いに活用していただき，保育者と親，大人どうしが相互に理解し合って子どもの心身の健全な発達のために協力し合えたらと思います。また，本書が，読者のみなさんの考え方や生活の仕方の新しい扉を開くきっかけになることを心から願っています。一人ひとりがその扉を開く時，子育ては未来に向かってより希望的に広がっていくのではないでしょうか。

訳者

　原著では各章末尾に，読者のための研究図書がそれぞれ紹介されています。それらは英文の専門図書・論文ですので，巻末に一括して掲載する形としました。記しておことわりいたします。

目 次

訳者の序 i

はじめに 1

1章　違いの認識と反応 8
 1　文化は無意識なもの　8
 2　文化多元主義　10
 3　価値観の対立　18

2章　異文化コミュニケーション 22
 1　行動の意味を解釈する　22
 2　先生の異文化コミュニケーション理解の重要性　23
 3　異文化コミュニケーションを学ぶ　26
 4　先生の「学ぶ態度」の影響　31

3章　文化摩擦への対処 33
 1　トイレット・トレーニング：文化摩擦の一例　33
 2　相反する定義と目的　34
 3　先生と親との良いコミュニケーションの例　36
 4　文化摩擦の5つの解決　38
 5　先生は親に変わるよう説得すべきか　40
 6　親教育と先生教育　41
 7　摩擦を解消するためのRERUN（もう一度する）という方法　42
 8　文化摩擦解決への提案　44

4章　保育の日課：食事と昼寝 47
 1　食べることと眠ること：2つの対照的なやり方　47
 2　食事を与えることと自分で食べること　53
 3　食事や睡眠における摩擦を解消するための提案のまとめ　61

5章　愛着と分離 ……………………………………………………………… 63
1 赤ちゃんAの場合　　63
2 赤ちゃんBの場合　　65
3 子どもの独立をうながすかうながさないか　　67
4 子どもの生命が脅かされる時：愛着のプロセスへの影響　　69
5 まとめ　　75

6章　遊びについてのさまざまな考え方 …………………………………… 76
1 保育場面の刺激に対する反応　　79
2 観察者の意見から見えてくる保育の課題　　84
3 異文化との出会いからくる不安を取り除く　　91
4 まとめ　　93

7章　社会化と指導としつけ ………………………………………………… 96
1 社会化の過程　　100
2 衝突の例　　100
3 その他の衝突　　102
4 指導としつけ　　106
5 力と権威　　113
6 「読み取る」ことを学ぶ：間接的コミュニケーション　　115

8章　おわりに ………………………………………………………………… 119

研究図書 …………… 127
参考図書 …………… 133

はじめに

　本書は摩擦について書いたもので，文化と文化がぶつかる時，うまく対処できずに違いを何とか解決したいと思います。まずその違いに気づき，注意を向けなければなりません。私達は幼児教育に関わるなかで毎日文化の違いに出会い，たくさん教えられているのですが，そのことさえ気づいていないのです。

　本書は文化の多様性にみなさんが目を開いてくださるように書いています。読まれた後，多くの方々が世界や人々に対して以前とは違う見方ができるようになったと言ってください。

　私達がどのように違い，どのように似かよっているかを語ることはすばらしいことですが，本書はそのことについて述べようとしているのではありません。もし保育プログラムでの多様性に敏感に応えようとしたら，現実には困難な問題に関わることになります。本書は私達が理解しなかったり，賛同できない違いに敬意を払う本のように，単に「多様性をたたえる」だけの本ではありません。**変化**することについて書いています。

　幼児発達について教科書に書かれていることがすべての子どもにあてはまらないことはみなさんもご存じでしょう。そのことは幼児教育を学ぶ学生や現場の先生にも同じ状況が起こります。あらゆる場合にあてはまる研究というものはなく，画一化できるものではありません。ある読者にとって最も混乱することは，私達の社会に今もなお存在する偏見について学んだ時でしょうし，また，読者の中にはそれらの偏見を経験し，その存在にもよく気づいている人もおられるでしょう。本書は社会的公平について書いています。みなさんは驚かれるかもしれませんが，衝突はしばしば摩擦となり，摩擦は積極的な変化となる可能性があるのです。本書のメッセージは摩擦を避けることではなく，それを事実として関わっていくことなのです。

どのように摩擦を表現し，効果的に処理し，そしてどのように関わっていくかの訓練をする必要があります。自分自身と違う考えの人と出会った時どのようにバランスを戻すかを知る必要がありますし，このバランスはいつも一時的なものであることを認識しておく必要があります。摩擦は起こっても良いもので，避けられないとわかって初めて，私達は保育者養成においてや，保育室の子ども達との関わりにおいて，多様性に効果的に対応することができるのです。
　幼児教育者だからこそ，私達は摩擦にいかに対応するかの訓練をもっともっとする必要がありますし，すぐに判断しようとしないで，尊重を基礎においた会話や一生懸命，聴こうとすることの大切さを学ぶ必要があるのです。
　たとえば，もし子どもが首に赤い筋をつけてやってきて，コインでこすられたと言ったとすると，私は児童虐待の専門家に電話する前に，このことについてもっと考える必要があります。すぐに判断する前によく考えたら，その赤い筋が傷かどうか，もっと他の理由でつけられたものなのかがわかります。1人の人によって虐待とみなされたものが別の人には虐待とはみなされないかもしれないのです。
　ここに例があります。私が免疫のことをまったく聞いたことのない国に行ったとしましょう。もしジフテリアの予防注射のことを誰も知らなかったら，子どもの腕に針を突き刺すのを見てどんな反応をするでしょうか？　初めは，その行為は虐待的に見えます。痛みや腫れや熱や身体の不調などすぐに現われる反応だけを見てしまうと，予防のために行なう注射だという本質的なものが不明瞭になってしまいます。
　たとえ2〜3日の間はその熱や痛みで結果が思わしくなくても，免疫をつけるために私は子ども達を守りたいと思います。あなたは自分の子どもの健康のためにという理由で首にコインをこすりつける親の行為は理解できないかもしれませんが，判断を下すのに時間をかけて考えることは大事なことです。
　もちろん，永久に判断をしないということではありません。たとえば，もし私が赤ちゃんをうつぶせに寝かせているという母親と会話をしている先生だったら，ただ聞くだけでそのことに賛成することはできません。赤ちゃんは慣れた寝方で寝かせるのが一番良いですねと安心することもできません。うつぶせ寝は安全ではないことをわかってもらうためにこの家族に乳幼児突然死症候群

(SIDS)についての調査を話す責任があります。哺乳瓶を持たせてベッドに寝かせることにも同じことが言えます。親はそのようなことを行なった時にどんなことが起こるか，その結果に十分注意を払う必要があるのです。

　保育の場面で摩擦が起こった時，明らかな結果がはっきりわかっていないのでむずかしいです。言い換えると，それらははっきりと正しいとか間違っているというものではないのです。私達は他人の考えが見えないで，自分が正しいと強く信じる傾向があります。そして自分自身の目を通してだけ世の中を見てしまうことがあります。他人の考えがわかるためには心を開き想像力をもたなければなりません。心を開くことは私達が選択してやっていくことです。たいていの人にとって想像力を増すのに助けが必要です。本書はその援助をさしのべるように書かれています。また，本書は，2つの見解がお互いに相反する（1つが正しくて，1つが間違っているという意味ではありませんが）摩擦の状況になったら，そのメッセージを表現するよう書かれています。基本的に「私はあなたが間違っているといっているのではない。私はただ，あなたに賛成しないといっているだけなのです」ということを実践していくことです。

　違いの基本的なことの1つに，自立と相互依存の間の葛藤があります。自立と個性はほとんどの幼児教育プログラムの普遍的な目的です。ヨーロッパ系アメリカ人として，私は自立と個性を促進していくことが大事だと思っています。幼児発達は自立と個性を伸ばすことだと理解しています。でも他の文化では自立と個性を重要視しないことに気づきました。もしクラスに私の重要視していることを実践していない家族がいたとしたら，私はその違いに敬意を払わなければなりませんが，私はまたその違いをどうしたらいいかはっきりするためにその家族と関わらなければなりません。どんな実践が自立の達成に役立つのでしょうか？　どんな実践が個性を促進するのでしょうか？　どんな実践がグループに深く入り込んで促進できるのでしょうか？　もしあなたが異文化の環境で働いている先生なら，これらは大切な質問です。本書はこれらの質問を考える手立てになるよう考慮しています。

　これらの質問の答えは実際の生活の場面で相互作用と関連しています。問題となるのは，多くの幼児教育者がその問題の状況を無視してしまうか，反対にそのことについて論争してしまうことです。

必要とされる相互作用は**対話**とよばれます。対話は議論とは違います。議論はその背後に説得があります。相手を自分の方に向け，勝つために説得をします。でも対話は自分の考えを相手に納得させようとするより，むしろ相手の考えを理解しようとします。その考えは勝つためではなく摩擦も含むすべての人にとって最も良い解決を見つけようとします。

　議論と対話の違いをいくつかあげてみましょう。

＊議論の目的は勝つことです；対話の目的は情報を集めることです。
＊議論者は話します；対話者は尋ねます。
＊議論者は説得しようとします；対話者は学ぼうとします。
＊議論者は納得させようとします；対話者は発見しようとします。
＊議論者は2つの相反する見解を示し，自分の考えが正当だとか最善だとします；対話者は多様な見解を理解しようとします。

　摩擦や問題に直面した時，人は自然に会話を始めることはできません。私について言えば，かつて問題や摩擦を話し始めると，議論を始める傾向にありました。そうすると，私はいつも何かを想定し，とても急いで結論を出して勝つことに必死になりました。議論をする時，他の人の言うことに注意深く耳を傾けないで独自の結論を押しつけようとします。もし私が議論を避け会話をすることに集中していたら，時には他の結論が私の結論と同じくらい，いやそれよりも良いことがこれまでにあったでしょう。たくさんのエネルギーを使って，傷ついた関係をもたずにすんだでしょう。

　幼児教育者のグループが先生と親との摩擦をロールプレイしたビデオテープを勉強する会合で，私は他の人が私と同じように議論を始めがちであることがわかりました。これらのビデオテープを何度も見ているうちに，他の人に自分の考えの正しさを表現しようとする時，人はあるタイプのボディーランゲージを使うことに気づきました。他人の話を聞くとき，防衛的な位置にきちんと強固な態度で立つ傾向にあります。自分の話す番になると，前かがみになり手で遮ったり押したりのジェスチャーをします。その人をちょっと見るだけで，何かについて戦っていることがわかります。何を言っているのか聞かなくてもそ

の人達が勝ち・負けの状態になりうることは明らかです。対話は議論とは違います。またそのロールプレイでの会話の例を見て，違いはボディーランゲージで明らかでした。情緒的で態度がしっかりしているけれども，身体や声の使い方が違っている人達がいました。その人達の態度は他の人の声を聞こうとするものでした。彼らのジェスチャーは態度，特に手に現われています。拳をかざしたり強く押しつけたり，動きを遮ったりする代わりに，手が開かれています。開かれた手は開かれた心の反映となっています。

　それでは，話に熱が入った時，どのようにして議論から対話に切り替えるのでしょうか？　自分のボディーランゲージに気づくことから始めてください。時にはあなたのエネルギーを切り替えられることのできるボディーランゲージに気づき，それを変えてみてください。そのあとは簡単なことです。他の人の言うことを聴いてください。本当に聴くために，すぐに判断をしないで何が話されているかに集中してください。本当に人の言うことを聴くということはとても簡単なようですが，容易なことではありません。

　「あなたがおっしゃっているそんな訓練は私には必要ありません」と，1人の幼児教育者が私に言いました。「私のプログラムには多様性なんてありません。同じ民族背景出身の家族ばかりですから」。この意見には2つの答えがあ

ります。1つは，もしあなたのプログラムがコミュニティと関連しているなら，あなたのコミュニティか隣のコミュニティにあなたと異なる人々がどこかに隠されているんじゃないかしらと私は思いますが。あなたのいる所の道路はけっして交差しないということが言えますか？ あなたの保育プログラムではすべてが同じだと言えますか？ 国中で急速に一般的なこととなりつつある民族的，人種的結合を何がとめることができるのでしょう。私の2つめの答えはどの保育プログラムも多様性をもっているということです。多様性は時には見えますが，時には見えないことがあります。明らかな文化的多様性がない時でもスタッフの間で，またスタッフと親との間で多くの討論を経験し見てきました。1つの例（何百もの例をあげることができますが）は人種的，民族的に似かよった家族と保育プログラムのことで議論をしました。厳しい菜食主義の食事法をとっている家族が子どもに何を望んでいるかわからない先生にとってはたくさんの問題を起こすことになります。もし親が外国人でその国の服装をしていたり，宗教的に強いものをもっている場合，受け入れるのに誤解が生じてしまうことがあります。保育現場ではっきりした文化的違いが存在しますが，どの子どもも同じ背景からきている場合でさえ，いつも個々の違いが存在するのです。

　本書の目的は間違った情報を与えないようにして，文化的相違の明白なことと明白でないことをはっきり示すことです。ここで書いていることは実際に私が直面したことがらばかりです。文化というつかみ所のないことがらについて事実をどのように伝えるか，いくつかのアプローチを使って試みました。

　可能な限り個人的な体験を用いました。私の体験がすべての人にあてはまるものではありませんが，私にとっては真実なのです。私はまた，**物語を使いました**。そのいくつかは真実であり，またいくつかは状況に合うよう広げ，事実に基づき書きました。物語を書くことは理論的な論説と違った方法でポイントを理解していくのと同じように，真実をつくり出す基礎をみなさんに提供しています。

　最も大事なことは，できるだけ多くの情報源から情報や引用を使用したことです。文化の違う人達には，その人達自身の文化についても話してもらいました。

文化について何かを知ることは，その文化の人が与えられた状況でどんな行動をとるのかを予想できるようになることではないのです。一般化することにはとても注意深くなければいけません。今，世の中ではステレオ・タイプがたくさんあります（もうこれ以上増やしたくはありませんが）。

　私が本書を書き始めた時，私の異文化交流体験や人類学，言語学，コミュニケーション理論，特に異文化間コミュニケーションについての書物を読んだ経験をすべて用いました。文化的多様性のより広い見解を得るために児童発達の分野以外のところに目を向けなければなりませんでした。

　でもこれらすべての勉強をしても，ルイース　ダーマン・スパークス（L. Derman-Sparks）とアンティバイヤス　カリキュラム　タスク　フォース（Antibias Curriculum Task Force）によって発展した**アンティバイヤス・カリキュラム（ななめから見ない保育）**を見つけるまで全体的な見解がつかめませんでした。アンティバイヤス・カリキュラムは幼児だけに関連するものではなく，私にはとても関心のある課題であり，成人について本の中で1章分，それにあてられています。ルイース　ダーマン・スパークスの著書の精神はアンティバイヤス・カリキュラムに対して私自身が意味づけを探るのに示唆を与えてくれました。

　ルイース　ダーマン・スパークスの著書から得た特別なメッセージで本書に影響したことは次のものです。「保育をするにあたって，あなたが子ども達にとって良くて正しいと思う自分の考えを通していたら，たとえその考えがあなたの訓練の結果だとしても，あなたの行なっていることに賛成できない親の子ども達に害を与えていることになるのだ」ということです。

　本書は摩擦について述べていますので，とても興味をもって読んでいただけるでしょう。でも，あなたの考えるチャンスにしていただきたいので，答えることよりも問いかけを多くしています。

1章　違いの認識と反応

　白人で中産階級のアメリカ人，ほとんどアングロ・サクソン系（私のスペイン系の苗字は夫によるものです）である私が，自分自身がある文化をもっていることを発見し驚き，日常のどの瞬間も文化的枠組みの中で気づかずに行動していることがわかりました。その枠組みは，私が考えたり行動したり，人や物をどのように認識しどのように関わって相互作用しているかに影響しています。そして私の時間や空間の概念を決め，それらの概念に関する行動にさえ影響しています。

1
文化は無意識なもの

　私は暮らしていて，無意識に文化的枠組みの中で動いています。歩く時，一方の足の前にもう一方の足を置くということを考えて歩いてはいません。人と関わる時，文化的に決められた行動や姿勢について考えて行なっているのでもありません。自動的に行なっているのです。

　私と違う文化的枠組みで行動している人と出会った時，動揺します。なぜなら私のやり方が正しく，ふつうだと思い，自分自身の見方を基礎に他人を判断しがちだからです。その人達を外国風だとか奇妙だとか，風変わりと感じたりします。でも人とうまくやっていく礼儀をわきまえた人でありたいので私は気づかないふりをします。私のやり方が私にはふつうなのですが，他人にはふつうではないという事実を問題にするのは失礼なことのように思われます。「私の仲間」は誰もがふつうであるというメッセージを私にくれる社会の中で，私は気づかずにいられるのです。

せまい見方

　この態度は私に何をもたらすのでしょうか？　それは現実から守ってはくれますが，私はかたよった考えやせまい見方をしてしまうことになります。そのうえ，大切なことの間違った印象を与えることになり，「私の仲間」は世界で価値ある唯一の人々であると私に信じさせてしまいます。ところが現実は私のように白人で中産階級のアングロ・サクソン系アメリカ人は世界の人口の少数派にすぎません。

　このせまい見方やかたよった考えをもち，「ふつうでない」と考える人のことを無視し続けていれば「私の仲間」でない人達はどうなるのでしょうか。私は現場の保育者養成にたずさわり親の教育にたずさわっていて，次世代にたくさんの影響を与えます。私がこの偏見をもった態度で仕事をしていたら，違いを無視してしまう人々と，「私の仲間」に与える害を想像してみてください。私から学んだ学生がせまい考えで「ふつうだ」と定義する時，いっしょに生活したり学んでいる子ども達に学生達は何をすることができるか想像してみてください。「ふつうでない」と定義された私とは違う人はどうなるのでしょうか。その違いを無視された人々はどうなるのでしょうか。

無視されることへの影響は何？

　これは大切な質問です。自分のアイデンティティの重要な部分を無視される人はどうなるのでしょうか？

　私の夫はメキシコで生まれ育ちました。時どき人は夫にこう言います。「私はあなたがメキシコ人だと思ったことがありません」。これはお世辞の意味で言っているのです。私はメキシコ人ではないのでこのことをどう感じるかわかりませんが，もし誰かが私をけっして女性と思ったことがないとお世辞を言ったらどのように感じるかを想像することはできます。女性であることは私が誰であるかの重要な部分ですので，そのことはショックでしょうし，性がないとは考えてほしくありません。誰からもステレオ・タイプで見てほしくはありません。私の性を支えてほしいとも思いませんし不公平に扱ってほしいとも思いません。でも私のアイデンティティの重要な部分を誰かが無視すれば私は大いに疎外感を味わうでしょう。

自分の見解を広げる

　本書は適応性のある，健康的な満足ある行動をするために１つの基準にあてはめるのではなくて，自分自身の見解を広げようとする試みです。違いを無視することをやめ，注意を向けるだけでなくその人達を賛美しようという強い思いがあります。

　私は違いをふつうではないとか，弱いと見るのでなく，力の源としてみなしていきたいと思います。すぐにすべてが変わることを望むのではありませんが，何年もかかってこの見解の変化に関わっていきます。人の見解を変えるには，ゆっくりした過程が必要なのです。

2
文化多元主義

　本書は文化多元主義を根本においています。文化多元主義とはグループが大きな社会的枠組みにおいてメンバーを維持するのに，独自のアイデンティティをもち続けることを認め，奨励さえするという考え方です。たやすいことではありませんが，相互尊重が目標です。というのは少なくとも人間の発達や教育の分野では文化的違いを不足しているとか，不適当とみなす中産階級の規範，すなわち主流とは異なる知性，家族，精神的健康に関することは欠損モデルとして教えられてきました。同様に一流，二流の階級の社会では偏見や誤解の歴史に満足のいくような反応を示す行動が見られます。私達はみな過去に数多くの誤解を被ってきました。本書はそのいくつかを正していこうとするものです。

　さらに文化多元主義について述べます。私が分離主義主張者ではないことを理解していただくことが大事です。私達はこの地にともに住み，ともにやっていく必要があります。個人的にもグループとしても私達自身の閉ざされたドアをそのままにしておくことはできません。文化多元主義のポイントは多様性を促進することです。多様性の目標は一致です。私達はあるがままに自由にともにやっていくことができた時，自分のままでいることに良い感情をもつ時だけ，この大きな社会のすべての人々の間で健全な一致ができるのです。一致と多様性はあたかも相反することと思われるかもしれませんが，本書のテーマの１つは相反するものをもっと見ていくことであり，どのようにそれが全体を構成す

るものの1つであるかを見ていくことです。一致と多様性は対極するものではありません。でも一致と画一化を同義語でとらえる場合だけは対極になります。私はそうとらえるのでなく，私の目標は多様性を通しての一致なのです。

文化多元主義と保育

　子ども達に関わったり，活動を指導しカリキュラムをたて環境を整え保育の日課を行ない，親教育を実践する時，あなたの文化的枠組みを取り去ることはできません。あなたの行動はあなたの価値観によって決定されます。その価値観は文化，家族，個人によるものです。

　保育プログラムにおいて文化多元主義を目標にするために，違いということへのはっきりした理解をしておかなければなりません。子どもと先生がどこでうまく行動の調整ができていないのかを見なければなりません。先生は親の目標，価値観，子育てに関する信念を知り，応えなければなりません。文化的に適した方法で要求にどのように対処するかを知らなければなりません。

　文化的相違は子ども達の要求に応えることへの問題とはあまり関係がないように思われます。結局，食事をさせたり，きれいにさせたり，服を着せたり，子どもとの接触や休憩や適温を提供するのにいったいどのくらい違いがあるのでしょうか？　どこから違いが起こってくるのでしょうか？

　先生が子ども達と関わる時，ボディランゲージや非言語コミュニケーションの時に違いが現われます。子どもはごく初期の乳幼児期に文化を学びます。この事実を幼児研究者や実践家は無視することはできません。

赤ちゃんはその文化の一員となるように育てられる

　2つの文化で赤ちゃんに関する扱い方の違いの例を見てみましょう。違いはそれぞれの文化の大人が，赤ちゃんのために良いと信じていることに反映し，異なる価値体系に反映します。ここに例があります。中産家庭の日本とアメリカの3～4か月の赤ちゃんを比べると，コーディル（W. Caudill）はアメリカの母親（白人の欧米系母親のことをさしています）は自分の赤ちゃんにたくさん話しかけますが，日本の母親はかなりの時間赤ちゃんをなだめて落ち着かせて過ごすことがわかりました。アメリカの母親は赤ちゃんを刺激しますが，日

本の母親はその逆のことをします。

　だから何？　ある母親が赤ちゃんを刺激するのに多くの時間を費やし、またある母親が赤ちゃんを落ち着かせるのに多くの時間を費やすことがどうだというのでしょうか？　大人が赤ちゃんをどう扱うかが赤ちゃんの行動や人格の発達に大きな影響となるのです。

　コーディルが気づいたように、この異なる扱いによってアメリカの赤ちゃんが身体的、音声的に能動的であり、日本の赤ちゃんはそこまでではないということです。コーディルは次のように結論づけています。「このように2つの文化の子育ての仕方が違うので、3～4か月の赤ちゃんがもうすでに文化特有の方法を学び（または条件づけられ）ます。そしてこれは言語の発達以前に、気づかないでなされているのです」。言い換えれば、欧米系の母親は赤ちゃんに自分達の文化に適した人に育てようとしていますし、日本の母親も同様です。もし赤ちゃんがある時期、欧米系の母親に育てられ、ある時期、日本の母親に育てられるとどうなるか考えてみてください。異なった扱いによって2文化をもつ人になるかもしれません。ある状況ではこの人にこのやり方で育てられ、別の状況では別の人に他の方法で育てられたように、子ども達は行動するのです。でも、2文化保持者にならないで、どう考えていいのか混乱をきたしてしまうかもしれません。もしそんなことが起こるなら、「外国人の母親」をもつ環境は、文化の悩みとよばれることになるかもしれません。

　乳児や幼児は先生や保育に関わる人のもっている個人的・文化的なもので文化を獲得していきますし、ある場合には文化的特徴と思われることに一致していくことを学ぶのです。

　バーバラ　ロゴフ（B. Rogoff）は、著書『子どもは見習って考える』（Apprenticeship in Thinking）の中で「導かれる関係（guided participation）」について書いています。たとえ教訓や教える意図的努力がなくても、子ども達は大切な学習を大人から選びとっていると述べ、文化特有の場合に起こる多くの学びをあげています。幼い白人の子どもと黒人の子どもの話し方の違いに関してマイケルとカデン（Michaels & Cazden）の研究をあげています。面白いことに白人の大人は自分達のやり方が優れているとみなし、黒人の大人は他のやり方が興味深く効果的だと思っていますが、双方のやり方は異なっているのです。

これらの異なった意見の結果として，子ども達と時間をともにするとき，白人の先生は黒人の子ども達を援助する代わりにさえぎってしまいがちで，事実，物語を話すのを妨げてしまいます。気持ちの中に違いということが欠けているのです。子ども達が家庭で学んだことをしようとしたら，それを間違っているという見方で子ども達を見るのは避けなければなりません。その代わりにあるがままにその子どもを受け入れなければなりません。受け入れるということは他のやり方を子ども達に教えることを妨げるものではありません。その教えは子ども達の能力にプラスとなるべきで，子ども達から何ものをも取り去るのではありません。

ロゴフ（そして私）の関心は1つのシステムに基づく子ども達が，たいへんな困難で別の経験にはたらきかけようとしていることです。新しい文化的システムを学ぶと同時に自分の文化を保持するのが理想です。残念ながら，いつもそういうわけにはいきません。しばしば支配的な文化がその人の国の文化を打ち負かし，その文化は失われます。このことはとくに保育プログラムの目的がその人の国の文化を取り除く（意識的であろうが無意識的であろうが）時に起こります。子ども達がこのような「取り除く過程」に直面すると，2文化能力やアイデンティティをもって成長することがうまくいかなくなります。大きなアイデンティティ問題が子ども達が成長した時に起こり，家族と分離してしまいます。自分の国の文化を失い始めるのは早い時期で，それは乳幼児期でさえあるのです。保育の専門家は子ども達と家族を守り，すべての子ども達が文化的アイデンティティをもって健康な発達を遂げられるようにする大きな責任があります。

一致は重要

保育所で子ども達の小さなグループを撮ったビデオテープをバイヤーズ達 (P. Byers & H. Byers) が分析した興味深い報告があります。白人の先生が子どもを細かく見ないでざっと見る大らかな保育態度のために，うまくタイミングが合わず先生の注意が向けられなかったアフリカ系アメリカ人の子どもがそのビデオテープにうつっていました。小さなことのようですが，先生の注意が向けられないことは，子どもが自分自身をどう感じるかに影響を与えることに

なります。先生は，この子はグループでどうして話せないのかしらとか，どうして答えられないのかしらと思うかもしれません。先生はその子が嫌いなのでしょうか？　先生はその子を無視しているのでしょうか？　その子は他の子どもほど賢くないのでしょうか？　問題はたんに先生の「子どもをざっと見る大らかな保育態度」と，子どもが注意を引く行動とのミスマッチだったと仮定しましょう。先生がこの子どもと，もっと一致するよう学ぶ必要があります。また，先生の文化でその子どもに力をつけることも大事です。文化を学ぶことは2方向の道です。主流の文化でエンパワーされてもその人自身の文化を失ってはいけません。文化的アイデンティティと家族のつながりは情緒的健康のために不可欠です。

　あなたは先生が意図的に子どもを無視していると思うかもしれません。人種差別主義が先生と子どもの相互作用の要素になり得ることは否定できません。意識的，無意識的偏見が先生のこのような保育態度に影響している可能性があります。時には先生の態度は理解不足や能力不足のことがあり，ある時には深い思い込みの態度は問題となります。能力不足よりも態度を変えることはむずかしいことです。でもそこで知識と気づきが大いに役立つのですが，そのためには訓練が必要となるのです。

誤解

　何年もの間，私は（数ある中で）自由放任的，権威主義的そして命令的とよばれる3つの親のスタイルについて教えてきました。この親のとるスタイルの研究で，私は正確な認識を得ました。子どもが権威的な親をもつ時に起こす問題を見てきました。コントロールと制限とで子育てをすると，学校での達成がうまくいかないと推察します。でも私はヨーロッパ系アメリカ人の子どもだけを見ていたという事実がわかっていませんでした。それでアジアの親の子育てに関する「逆説」についてルース　カオ（R. Chao）が書いた論文を読みました。中国の親は権威的ですが，子ども達が学校で達成しにくいということはありません。実際，子ども達は学校で実によくやっています。カオの論文はかなり私の見解を広げてくれました。権威主義の概念が文化によって異なった意味をもつことをこれまで考えたことがありませんでした。また，アメリカでの権

威の歴史的概念についても考えたことがありませんでした。権威に対して反乱することで始まった国家として，概念を取り巻く相反する考え方をもち続けてきました。他の国での権威に対する考えや気持ちは違うのです。中国の子ども達が「コントロール」されたり「制限」されている時，ヨーロッパ系アメリカ人の子ども達が親のコントロールの行動を見るのとは違った見方を中国の子ども達はしているのです。

　文化的相違を理解することは，どんな休日を祝い，どんな物を食べるかということとは非常に異なったテーマなのです。

さらなる文化的相違の例

　ジム　グリーンマン（J. Greenman）は文化的認識の違いで問題にぶつかった保育プログラムの例を示しています。

　「ラオスやカンボジアからミネソタにきたハマング族の移民の人々がいます。多くの移民の子ども達がいる保育所では移民のスタッフを雇って乳児のプログラムを促進しようと努めました。保育所では言語的に豊かな環境で，先生と乳児の1対1の相互関係も個々にとれていると思っていました。が，ハマング族の移民のスタッフはあまり話かけをしませんし，相互関係もあまりとろうとしませんでした」

　この状況は乳児への関わり方の摩擦の実際的な例を示しています。グリーンマンは説明を続けます。彼は，スタイルの違いを引き起こす習慣を調べ始めました。「移民の社会では何がふつうなのだろう？　母親は乳児を帯で縛りますが，これは保育所でも起こります。私達が知っている相互作用ではなく，ゆるぎのない身体の相互作用なのです」。

　本書はアメリカに来て文化摩擦のある外国人についてだけ書いているのではありません。文化的相違を越えて他のアメリカ人やカナダ人と摩擦があると感じるカナダ人やアメリカ人についても書いています。これらの摩擦は「カナダやアメリカにいる時はカナダ人やアメリカ人がするようにせよ」という態度があるので，さらに論じるのがむずかしくなります。もちろんそれは，どのカナダ人やアメリカ人のことを言っているのか定義しなければ，意味のないことです。また「アメリカ」は白人で，ヨーロッパ系アメリカ人であり，中産階級と

思っている人が多く,「白人は正しい」という態度をとる人があまりに多いので論じるのがむずかしいのです。もっと問題なのはアメリカ人の間の違いは文化的違いとしてはみなされないことです。

グリーンマンはさらに例をあげています。それは私が保育所で経験したことと関連しています。グリーンマンはアフリカ系アメリカ人の親が子どもの髪に砂がついていると不満を言ってきたことを次のように語っています。

　　私は子どもは汚れても良いし,小さな科学者だと信じて保育所で働いていました。そしてそこはすばらしく冒険的な園庭をもっていました。親,とくに黒人の親が言います。「私達は子どもに外で遊んでほしくないのです。髪の毛を洗うのに1時間半も使わないといけないのです。遊んで2分後には,もう砂をいっぱいかぶっています。砂を取り除くことができず,夕方はそれをきれいにするのに全時間が使われます。だから,子どもを外で遊ばせたくないのです」。私達は共感的に応答します。「うわあ,それはいけませんね。でもこれは子ども達には良いことなのです」。もちろん,私達の応答には次のことが含まれています。「気の毒な無知な人。子ども達がすることには価値があって,子どもの発達に良いのですよ」。摩擦は続き,私達は学びました。この種の問題に対する応答は「わかりました。そのことを考えてみましょう。あなたの子どもがどのように見えるかはあなたにとって大切ですよね。でもこれらの経験をすることは子どもにとって大事

1章　違いの認識と反応

だということはおわかりですね。結論を出しましょう」。ここには2つの論理的な見方があります。いっしょに考えてみましょう。この場合，答えはこの子どもにシャワーキャップをつけることでした。

私がこの話をワークショップで話した時，2人のアフリカ系アメリカ人女性がすぐに話し出しました。「砂は髪を傷つけてしまうのです」と，1人が私に説明し，「これは深刻な問題なのです」と，もう1人が確言しました。

「理解しましょう」

では，「これがここでの私達のプログラムでのやり方ですので，私達のやり方を学んでください」と言うのではなく，他にどんなやり方があるのでしょうか？ 異なった見解を等しく正当なこととして扱うことから始めてください。その視点をもっていれば，問題を解決することができますし，シャワーキャップの事例のようにともに解決をもたらすことができるのです。このことは2章でもっと詳しく述べます。

本書を書いた1つの理由は，私自身や他の人達がこれらの摩擦に気づき解決しやすくするためです。私には聞くための援助が必要で，他の人達もそうです。リサ ディー デルピット（L. D. Delpit）からの引用がこの視点を示してくれます。リサはアフリカ系アメリカ人の子どものために最も良いことを話し合っている時に起こったことを嘆いているアフリカ系アメリカ人の言葉を引用しています。「白人と話している時，彼らはまだ自分達のやり方でやりたいと思っています。話をして白人達に例を示すことができますが，彼らは強情です。すべての人にとってそしてすべての人の子ども達にとって何が最もよいのか知っていると思っていますし，聞こうともしません。とにかく白人達はしたいと思うようにするのです」。私が「聞こうとしなかった女性」いや，聞いたかもしれませんが，でも聞くことができなかった時のことを思い起こします。

先生と親が，何が正しく何が間違っているかで一致しない時，子ども達が保育所での摩擦で傷つくことをできるだけ少なくするために，大人達が摩擦を討議し対話を学ぶことを目的としましょう。先生にとって大事なことは，信念をもつことは良いことですが，同時に他の見解にも心を開き（自身の考えとは葛

2 文化多元主義 | 17

藤があるかもしれませんが）理解しようとすることです。

3
価値観の対立

　自分の考えとは違う他の人の考えを理解することはとてもむずかしいことです。

　自分と違う人のことを聞いたり理解することができない理由の1つは，価値体系の認知がないからです。たとえば，十分自分で食べられる子どもの母親がスプーンで食べさせたいと主張するとします。その母親が依存することが価値があると思っていることを理解するまで，お互いに話し合うのはとてもむずかしいことです。私が最初にそのことを聞いた時，自問したことは，どうして依存に価値をもつ人がいるのだろうということです。私は，依存することは可能な限り避けるべきだと考えてきました。もちろん，私は人生の多くの場面で依存していますが，それは良いことではないと思っています。

　依存が望まれること，ある文化によっては求められることでさえあることは，私にとって理解しがたいものでした。事実，いくつかの家族は子ども達に自立と同様依存をしつけていました。『3つの文化の子ども達』（*Preschool in Three Cultures*）の共著者であるジョー　トビンは日本で気づいた依存に関する教えについて話してくれました。これらの教えは乳児が自分で何かをしようとし始める時に始まります。その考えは「助けを丁重に受ける」ことを子どもに教えるためです。台湾出身の私の友人であるローズ　チュウ（R. Chou）がその概念を説明してくれました。チュウは祖母のところに行くといつもおばあちゃんに世話をしてもらうようにしています。それはおばあちゃんを喜ばせるためなのです。

　エドワード　スチュアート（E. Stewart）によると，アジア以外の文化でもアメリカやカナダの主流の文化とは異なった依存のとらえ方をします。ラテン系の国では「依存はアメリカ人のようには嘆かわしいことを思っていません」。

　スチュアートはなぜ依存が評価されるかを説明しています。「他人に依存することは望ましいことです。というのは人間と人間の絆を強くするからです」。

彼はローズ　チュウが私にしてくれた例をさらに説明してくれました。「中国人の親は子どもに依存されることにプライドをもっていて，その子どもに支えられているのです」。

　私はこのような文化的情報を提供することで，また人や行動に文化的ラベルを貼ることで，すでに存在していたり新しい物をつくり出してステレオ・タイプをうながす危険を冒しています。文献を読んで，否定的な方法で文化を比較した研究の報告の中で偏見的見方のものを見つけました。気づかないで私もそれをしてしまいがちです。文化や環境から状況や行動の事実をとり上げる時，私は問題を混乱させる危険性があります。もし私がある実践がどこからきたか推測したら，間違ってしてしまう危険性があります。結局，親は自分達が行なっていると認めたとしても，子ども達にしていることをなぜしているかを説明できる親はほとんどいません。多くの子育ての実践は世代から世代へと引き継がれているのであって，人種や文化の存続のための適応に関しては説明されていません。

　文化的ラベルは必然的に一般化しています。たとえば私が中国人について参考になることを述べるやいなや，中国人として自分を同一視している多くの人々が「私はそんなことはありません」とか「私はそんな価値観はもっていません」と言うでしょう。もし「メキシコ人」が「アメリカ人」と比べられたら，それは完璧に一般化です。どの「メキシコ人」？　どの「アメリカ人」？　年齢，収入レベル，地理的位置，民族，素性，歴史，成長の型，そしてもっともっと考えなければなりません。そしてこれらの要素がすべて同じである2家族を見つけたとしても，その家族の一人ひとりはお互いに徹底的に違うかもしれません。私と妹はほとんど同じ年齢で同じ文化で同じ家族で育てられましたが，子ども達に良いと思うことは一致していません。

　私が述べた文化的違いを理解することですべての問題に敏感になった時でさえ，文化は絶えず変化していて，とくに他の文化と接触した時にむずかしくなります。たとえば，ベトナム人やハマング族の移民の1世は，2世や3世の人達とは違うことを認めなければいけません。文化は，アメリカに来た時，家族が頑張って維持しようとしても変化します。ニューヨーク出身のプエルトリコ人は，プエルトリコ出身のプエルトリコ人とは違います。

では，ラベルや文化についてのすべての混乱に直面した時，人は何ができるのでしょうか？　文化的違いのみで判断しないで人間として人を見ましょう。人がどんな文化の出身であろうと，目標は人と人との関係の発展であるべきだと思います。尊敬の念をもって人に接すれば，多くの異文化問題は解決します。

私は自分の起こしやすい摩擦に関わることで，間違いを最小限にしようと努力しました。私の最初の考えは文化ではなく摩擦のことだけを述べることでした。だからそれらに名前をつけずに文化を対比しようとしました。レッテルを貼ったり，分類したくはありませんでした。私の文化の傾向を避けようとしました。すなわちすべてを分析してそれを箱の中に入れるという，わたしの目標は答えを提供するより質問をあげていくことでした。私のクラスやワークショップでのことを引用したり例としてあげ，本書で多くの草案を使った時，具体的に述べたいと思いたいへん苦慮しました。私がとり上げたり，除いたりしたことに偏見を感じる敏感な人がいるのもわかっています。また私が言うことに自分達の文化と結びつけない人もいますが残念です。私が踏み込みすぎるのはわかりますが，害を与えるより良くなることを望んでいるのですから。

本章は詳細なメッセージを提供するために文化的相違について見てきました。保育所で子どもや親に関わる先生は，敏感さ，尊敬，コミュニケーション，問題解決を子どもが必要としていることに備えるための手がかりとしてみなしていくことが大事です。その子ども自身の文化を深めていく方法を，保育のなかでそれぞれの子どものニーズにあわせてやっていこうという信念をもって，違いを調和するために一生懸命働いてほしいと思います。

子どもに良いことは何か：多民族的見解

　敏感で，世界的，多民族的見解をもった，文化的に適正な保育を受けることは子ども達にとって良いことです。

文化的に適正な保育では以下のことが求められます：
- 子ども達の生活で大人がお互いを尊重する。

- 子ども達の生活で大人がお互いの見方を理解する。
- 異なる価値観の調和に向かって，先生と親はプログラムや家族の違いを理解しともに活動する。
- 子ども達の生活で大人は対話を継続する。

対　話
- 対話はわかち合った視点を調和させることから良い判断が生まれるように情報の交換を行なうことである。
- 対話は子ども達と活動する人が先生と学習者の両方であることを意味する。先生はお互いに進んで理解し合い，子ども達にとって何が良いのかを知っている専門家として親をみなさなければならない。
- 対話は人が問題を判断する代わりに，お互いを聴くことによって起こる。

変化力のある教育

　尊重する相互作用や対話の継続から変化力のある教育が考えられます。お互いの経験が重要であると気づいたり，違いを理解する視点を広げた時，お互いの人生の経験から違った知識のレベルや敏感な多民族意識へと変わります。それは子ども達によいことです。

　もし私達がずっと心を開き敏感であり続けるなら，ジレンマに陥るでしょう。ほとんどの場合，1つの答えはなく，対話の過程が続くのです。私のごく最近のジレンマは，赤ちゃんと寝る位置に関することです。もし人が文化的に敏感で賢ければ，赤ちゃんがうつぶせに寝かされた時，乳幼児突然死症候群または「ゆりかごの中での死亡」（SIDS）の危険が増しているという最新の調査の事実に直面しなければなりません。個人的・文化的理由でどのくらいの親がうつぶせ寝をさせるのを好むのでしょうか？　そのことを語らなければなりません。

2章　異文化コミュニケーション

　私はある日，窓のそばに座って，通りの向こうで奇妙な行動をしている男性を見ていました。その人の腰から上しか見えませんでしたが，異常なジェスチャーと顔の表情をしているのがわかります。私はその人の言葉が聞こえるように窓を開けましたが，もっと何がなんだかわからなくなりました。彼の口から出てくる言葉は私のわからない言葉で，本当に妙に聞こえました。道ばたでおかしなジェスチャーをし，変な音をたてながら前後に行き来しているのを理解しようとしばらく見ていました。私はその人が気がおかしくなっていると思い，恐怖さえ感じ始めた時，ついに立ち上がりすべてのようすを見ました。その男の足下には犬がいました。すぐにすべてのことがわかりました。ああ，彼は犬を訓練していたのだとつぶやきました。もしその男性が私の文化でするように，命令的な顔の表情やジェスチャーをし，特に私の親しんでいる言葉を使っていたら，すぐに理解できていたでしょう。私はこの経験から2つのことを学びました。(1) 理解するためには全体を見なければならないこと。(2) 行動にともなう意味を知ることが大切であること。

1
行動の意味を解釈する

　この犬の訓練をする男性の出来事はわかりやすい異文化体験でした。それは出会いではありませんでした（私はたんなる見学者にすぎませんでした）。いったん全体像を見れば，行動の意味を推測することができました。たいていの異文化との出会いでは，そんなに簡単ではありません。行動にともなう意味は，あなたが出会っている人がもっている意味にあまり関係しないかもしれません。微笑みが親しみや幸せを意味しないかもしれません。困惑を意味するかも

しれないのです。言葉やジェスチャー，顔の表情，タイミング，接近，そしてその他のやりとりの部分を組み合わせる時，意味はもっと複雑になります。

どんな異文化のやりとりにおいても，自然に行なっていること，自分自身の文化に基づいて他の人の行動に価値をもち意味をつけることよりもその行動がどんな意味をなしているか，どのようにその人と関連しているかを見つけることが大事です。またあなたの行動が必ずしもあなたが意味することや大事だと思っていることを他の人に伝えるものではないことを理解することも大事です。

2
先生の異文化コミュニケーション理解の重要性

自分自身を変えるための訓練機関であるカリフォルニア・トゥモロー（California Tomorrow）のヘディー　チャン（H. Chang）が多様性のワークショップで次のことを行なっています。参加者に自分の子ども時代に戻り，どこで幼児期を過ごしたか考えるよう言います。そしてまた，その幼児期の数年間を，保育してくれる親や身近な親類と家で過ごした人は手をあげるように言います。いつもほとんどの人が手をあげます。次に何人の人が幼児期に保育所で過ごしたか尋ねます。わずかの人が手をあげ，たいていの場合ほとんどいません。それからいつ参加者が初めて多様性と出会ったか，自分や自分達の仲間と違う人と出会ったかを尋ねます。5歳よりも以前で手をあげた人は少数でした。そして学校に行く年齢になってからの人がもう少しいました。9歳や10歳の時になるともっと手があがりました。ティーンエイジや大人になってという人も少しいました。それからヘディーは参加者が知っている幼児，特定の幼児を考えるように言います。その子ども達の何人が世話人としての親や身近な親類と家で幼児期を過ごしているか？　ほとんど誰も手をあげませんでした。何人が保育所に行っているのでしょうか？　多くの人が手をあげました。たくさんのチャートや統計がなくても，その部屋にいるどの人にも時が新しい世代に変化していることがすぐに明らかにわかります。彼らの親達の体験はもっと違っていました。今日の子ども達は世の中に出てすぐに多様性を学ぶ保育所にいるのです。子ども達は体験から学んでいるのです。子ども達はまた，私達保

育専門家から学んでいるのです。私達が違いを受け入れたり敬意を払うことは子どものモデルとなり，子どもの人生に大きく影響を与えるでしょう。

　私達のこのすばらしく多様性のある大陸で，先生は自分達とは違う文化の子どもを保育する時，毎日，異文化交流に出会うのです。もし現在このことが事実でなくても，将来そのことが事実になる可能性があります。東南アジアからの移民の子どもだけでなく，過去250年の間に世界中からアメリカに来た移民の子ども達と出会うでしょう。また私はもともとアメリカにいたカナダ人やアメリカ人のことも言っているのです。みんなカナダ人やアメリカ人ですが，1つの文化を分かち合っているのではありません。カナダやアメリカにおける文化の豊かな多様性は私達が何者かということを気づかせてくれます。それはまた複雑で，コミュニケーションをとることや，理解することを学び，自分と違う文化をもっている親の価値観や子育ての習慣を尊重することで，先生の仕事を豊かなものにしてくれます。

　保育制度は急速に発展しており，特に乳児保育に関しては最もその発展がめざましいと言えます。少数派がカナダやアメリカの人口の多数を占めるようになっているように，保育を受けている子ども達については民族的マイノリティー・グループの子ども達が増えています。

　家庭外で保育される乳児が文化的多様性をもつ傾向がさらに増加していることを考慮すればこの事実は重要なことです。乳児は自分のアイデンティティを

発達させているところです。自己の意識や文化的アイデンティティはあまりありませんし，文化的能力もほとんどありません。まわりにある物からアイデンティティを育て，文化的能力を育てているのです。すでに自我が芽生え自分の属している文化がわかり，誰が文化的能力をもっているのかがわかっている4～5歳の幼児とは違うのです。乳児のアイデンティティの感覚は形成され始めているのです。先生にとって保育を行なうのにおもな関わりはセルフ・エスティームと文化的関係が傷つかないように守ることです。すべての子どもにとって自分の文化から強い肯定的なモデルをもつことが重要です。乳児にとっては特に重要なのです。

　子育ての実践や信念，目標，背後にある価値観は深く文化と結びついています。親が子育ての習慣で自分達のやり方に同意してくれる人を見つけられる限り，問題はありません。子育ての習慣が似ている時，異文化の問題は起こりません。またはもし自分の子どもに異文化や多文化の体験をさせることを選択する時は違ってきます。でも，選ぶ要素がない時や，ある文化の人が価値観の違う他の文化の子どもを保育する時，摩擦が起こる可能性があります。親の中には，自分の文化と調和させて子どもを保育してくれる人を選ぶか，多文化体験をさせたい希望と調和させて子どもを保育してくれる人を選ぶ人もいます。しかし親はしばしば協力を得ることができる保育所でその道を探らなければなりません。その場合，もし良い保育実践へのスタッフの考えが徹底的に違ったら実際にトラブルが生じるでしょう。ですから，自分達とは違う文化からきた家族と関わる先生にとって大事なことは，自立や依存，食事，トイレ，午睡，抱くこと，甘やかすこと，しつけ，遊びのための環境を整えることなどで違いが起こった時，親がどこから来ているのか長い目で見ていかなければなりません。おそらく先生達の態度は変わらないでしょう。でも少なくとも親が何を言おうとしているのかを聴き，話し合いができたら，みなのためになるのです。もちろん，ある習慣は特定の先生には従えないものもあるかもしれませんし，ある先生には話し合いの後，従えることがあるでしょう。また，ある習慣はその要求を認めるのに葛藤があるかもしれません。それにはもっと話し合いが必要です。聴いて，見て，心を開いて理解しようとすることです。

3
異文化コミュニケーションを学ぶ

　あなた自身と異なる文化の人と関わる時，学ぶ姿勢をもつことの重要さをいくら強調してもしすぎることはありません。本を読むことは役立つかもしれませんが，もっと身近に観察してください。共通の言語を話す時でさえ，コミュニケーションを学ぶ必要があります。異文化コミュニケーション能力をみがくことです。ミスコミュニケーションが起こりやすい非言語コミュニケーションの5つの領域を以下にあげます。

人と人との間隔

　コミュニケーションをする時，どのくらいの距離で立ったり座ったりするのか，異文化コミュニケーションを学ぶのに位置から始めて近接空間論に気づくことです。「個人的間隔」とよばれる私達のまわりにはそれぞれ個々の間隔があります。白人アングロサクソン系やヨーロッパ系アメリカ人は自分達のまわりの個人的間隔はふつう，腕の長さといわれています。それは密接な接近をしない主流文化のアメリカ人が話しをする時，自動的に目に見えない円の端に立つという意味です。ある文化では個人的間隔はもっとせまいこともあります。見えない円がもっと小さいこともありますので，ある人は話す時もっと近づいて立ちます。その人達は白人アングロサクソン系やヨーロッパ系アメリカ人の間隔に気づかないで侵入してきます。この場合，侵入された人は落ち着かず後ろに下がる行動をとります。それはおそらく気づかないで行なうことです。侵入者は（もちろん，その人は自分が侵入していることを気づかないでしていることですが）その後ずさりした人を距離をおく冷たい人と見て，代わりに「厚かましい」人とか，ただ奇妙な変な人と見られてしまいます。私はかつて，個人的間隔に関する演習を指導する文化的相違についてのワークショップを行ないました。参加者に部屋を歩き回ってもらい，カクテルパーティーのようにお互いに話すために立ち止まってもらいました。部屋のほとんどの人がお互い話すのにすぐに腕の長さの距離に立って話していました。でも1人の女性は近づいて話していました。その後，個人的間隔について話し合いました。この女性

は，誰かと腕の長さの距離に立つと「友好的ではない」と感じるけれども，自分自身はたいへん友好的な人間であると説明しました。その部屋ではこの女性だけが他の国から来ている人だということがわかりました。でも彼女は近づいて立つ習慣が文化と関連しているとは思っていませんでした。このように気がつかないで文化が存在するのです。

微笑み
　微笑みや接触やアイコンタクトはそれぞれの文化に特有のコミュニケーション能力です。たとえば，ロシア人は友好的な時ではなく，彼らが幸せな時だけ微笑むと言われています。あるカナダ人やアメリカ人の友好的微笑みは，あたかもその人がいいかげんであまりに知的でないと感じさせますし，カナダ人やアメリカ人はロシア人の微笑まない行動は友好的ではないと解釈します。本当に友好的に感じているかもしれないロシア人は逆にラベルを貼られることを知ってショックを受けるでしょう。
　ベトナム人にとって微笑みは多様な意味をもっています。

　　ベトナムを訪れたり，ベトナム人と接したことのある人はほとんど誰もが幸福な時でも不幸な時でも，どんな状況にあっても絶え間ない謎のような微笑みを浮かべることに気づくでしょう。ベトナムにいる多くの外国人教師は，ベトナムの生徒が間違った時間や場所だとわかった時に微笑むのをいらいらしたり失望したりしてきました。先生達は生徒が怒られた時，説明されたことがわからない時，そして特に質問に答えるべき時になぜじっと座ったまま静かに微笑むのか理解できませんでした。先生達は生徒はただ愚かで反抗的なだけではなく，無礼だとしばしば感じました。彼らが理解できないことは，生徒が怒られたことを気にしていないことを先生に示すために，また本当に勉強が理解できないことで愚かだということを先生に示すために微笑んでいるということでした。どんな時やどんな場所でもずっと微笑むことは，ベトナム人の共通の特徴なのです。でもそれぞれの状況に表われる微笑みがどんな意味なのか外国人に説明するものはありません。ベトナム人の微笑みはほとんど何もかもを意味するのかもしれません。

アイコンタクト

　アイコンタクトを理解し尊重しましょう。人と話す時目を見ることが大事ですか，それとも目をそらすことが大事ですか？　文化的に同じアイコンタクトのパターンだと，人はお互いに心地よさを感じます。でも，たとえその人が尊敬していることを伝えているとわかっても，ある文化の人は会話をする時，目をそらすことはずるそうで正直でないと感じます。ルート（M. Root），ホー（C. Ho），スー（S. Sue）は次のように述べています。「西洋文化でのアイコンタクトは注意深さの表われとして考えられますが，アジアの文化では尊敬や敬意の欠如の印としてみなされるでしょう」。

　じっと見られると不愉快に感じる人もいます。人が話しているのを聞いている時でさえ，じっと見ることは失礼だと考えられるかもしれません。ネイティブアメリカ人のルー　マシソン（L. Matheson）は「ほとんどの民族ではじっと見ることは失礼なことだとみなされます。ある民族では長いアイコンタクトはきわめて礼儀を欠くこととされます」と言っています。

　ヤング（V. H. Young）は黒人および黒人と白人との間のアイコンタクトについて語っています。多くの黒人の家族は言葉以上に良い方法でコミュニケーションをします。その1つが深いアイコンタクトです。

> 　親が子どもに何か印象づけたい時は，深く長く見ます。黒人は粗野な風貌で，白人とアイコンタクトをするのをしばしば避けます。それは彼らが注意を払われてないと思うからです。しかしそれは権威のある見方をすることは失礼なことと考えるからかもしれません。または，おそらく白人の文化で言葉をともなって行なうアイコンタクトは，言葉よりアイコンタクトを大事にする黒人にとって，あまりにも強すぎるのです。

　誰かを凝視することは傷つけているとさえみなされるかもしれません。ある文化では，じっと凝視することは，見つめられる人を意図的に傷つける「悪魔の目」であるとする概念があります。

接 触

　接触についても理解しましょう。接触はあたたかな友好のサインでしょうか，侮辱するものでしょうか，または危険なものでしょうか？　ベトナムの文化では，人の頭を触ることはその人の魂を盗むことになります。

　時には接触は身分の反映や達成の手段となります。たとえば，主流のカナダ，アメリカの文化では秘書が上司を触るよりももっと上司が秘書にふれることが多いのです。接触に関する少数文化のきまりが壊される時，何か間違っていると感じます。もし人が違う人や違う場所でふれられたら，誤解のメッセージが伝わったり，不愉快に感じたりします。白人で主流のカナダ人やアメリカ人の文化において頭を触られるという見えないきまりを考えてみてください。誰か他の人の頭を触る人はある意味，目上の者です。すなわち目下の者（または親しい者）が頭を触られます。

沈 黙

　沈黙は異なったグループでは異なった意味をもっています。あなたが会話をしている時，話すことをやめてあなたと話している人がどのくらいの時間で不愉快に感じ始めるかをみてください。これは興味ある実験です。もちろん，もし沈黙の時間を告げていたら，それは違います。が，もしあなたがただ話すのをやめたら，平均的なヨーロッパ系アメリカ人はその空白を埋めようとするでしょう。もし聞き手が沈黙と直面したら，すぐにもじもじし始めるでしょう。他の文化ではアメリカの主流文化より，もっと沈黙に耐えたり評価したりします。

　ある人が説明しているときに，どのくらいすぐに反応するかは，また別の面白い文化的違いです。日系アメリカ人の女性が，もしあなたが間をもつことなくすぐに話したら，あなたはその人のことを本当には聞いていないように思われますと話してくれました。人が話し終えて，その相手が応答するまでの間は尊敬を示します。言われたことを考慮した後，自分の考えを言います。それは2人の人がずっとお互いに話をさえぎり，それが失礼なこととしてとらえない早い動きの会話とは違います。

「Internalized Achievement-Related Motives of Native American woman」というタイトルで博士論文を書いたエレナ　アルドレート　ベイカー（E. Alderete-Baker）がネイテイブアメリカ人の沈黙の意味について述べています。「私達は自問する時，沈黙します。それに対して私達が自分自身について話すと『自慢している』とみなされます。他者だけが私達のことについて話せるのです。結果として，人は話す時は話題を選び，ネイテイブの子ども達が沈黙するのは目上の人に対する尊敬となります」。多くのネイテイブアメリカ人の文化では沈黙は，あいまいな時にそれに応答するものとして使われ，子どもが新しい状況や新しい先生に直面する時には黙っているかもしれません。沈黙は子どもが何も知らないという意味にとられます。

時間の概念

それぞれがもっている時間の概念を理解すれば，違う文化のスタッフや親ともっとうまくやっていけるでしょう。ある文化では他の文化よりもっと「現在」志向です。白人ヨーロッパ系やアングロサクソン系アメリカ人は未来志向で有名です。活動計画をたてることと今を生きることの違いと同じように，時間を守ることと時間通りにするという概念には違いがあります。ある親は決められた会合に一貫して遅れてきます。この習慣は個人に特有な傾向かもしれませんが，親が時間に対して違った考えをもつことも意味します。彼らには最終期限は何を表わすのでしょうか？　この意味は文化的相違に関係しています。

エドワード　ホール（E. T. Hall）によると，

> 時間は言語と関連があり，すべての活動を最初に組織するものとして，ものごとを総合，統合するものとして，優先順位をつけたり経験を分類する方法として扱われています。また，ものごとの成り行きがどのように行なわれているかを確かめるものとしても扱われています。時間は文化的，社会的，そして個人の生活の重要な部分のシステムです。文化間関係において複雑な要素はそれぞれの文化が独特なパターンで時間の枠組みをもっているということです。

ホールが述べているようにもし時間と言語を考えるなら，コミュニケーショ

ンにはタイミングが重要です。たとえば，話の要点をすぐに話さないで，まずは周辺から話す人もいます。これは文化的に特有なことです。また要点を優先的に話す傾向にある人々もいます。これはただ個人の違いということではなく，文化の違いです。もしあなたが子どもの親とコミュニケーションしようとするなら，この小さな情報が不可欠になるのです。親の中には要点から話さない人もいます。その人はまず挨拶し，それからあなたの健康，あなたの家族，あなたの生活を尋ねることで貴重な時間を使うかもしれません。直接または電話で，ある人々はいつも訪問や電話の目的を言う前に世間話をします。挨拶以上のことは言わない能率を考える人にとっては世間的なややこしさはいらいらします。もっといらいらすることは，問題について直接言わず，常に遠回しに言うことです。遠回しは文化的スタイルであることを理解するのは大事なことです。そのような人には問題の直接的なコミュニケーションは侮辱的で失礼で対決的なものとなるのでしょう。

4
先生の「学ぶ態度」の影響

　先生としてあなたが出会うあらゆる文化の詳細を伝えることは，本書の限界を超えています。先生，また保育に関わる人々は保育プログラムで親からそれぞれの文化を学んでいます。文化的情報を得るための質問を考えることから始めてください。たとえば父親が家で話す第一言語は何ですか？　お母さんはどうですか？　のような質問をしてください。親が子どもの民族をどう表現するか尋ねてください。家では他に誰がいっしょに暮らしているか尋ねてください。文化的ことがらに興味を示してコミュニケーションをしていけるかどうか考えてください。また，あなたが自分自身を見つめ，保育プログラムで関心のある人を見つめることで文化を学ぶことができます。自分の不快，不安に気づき，適当な時にその人達と話してください。この同じ気づきを発展させるために他の人達にもすすめてください。わかち合う時，どんな著書から学ぶよりももっと多く学ぶことができるでしょう。あなたはその人達から最も意味ある情報を得ることができるのです。

　あなたがどのように感じているかに気づき，その人がどのように感じている

かを理解するために相手の立場に自分をおいてみようとすることで，文化的摩擦を学ぶことができます。講義や書物からの受け売りのものより，実際の人々の保育や子育ての実践から本当の違いを最も学ぶことができます。

　多くの先生は保育プログラムの中で文化的多様性があるので，じかにこのことを簡単に学ぶことができるのです。どのくらいチャンスをつかむかは先生の態度と寛容さによります。気づきや寛容さ，尊重や評価の受容から，違いに対する態度の発展につながるのだと思います。そのかなたにこそ賞賛や支持があり，ついには人の人生を広げ豊かなものにするための方策として違いを使うことになるのです。

3章　文化摩擦への対処

　どのような人間関係においても必ず摩擦と不一致が起こります。親と先生の関係も例外ではありません。親がある文化をもっていて，先生が別の文化をもっていたら，摩擦はおこりやすくなります。

　文化摩擦は当然のこととして起こりますが，多くの場合それは価値のあるものなのです。それらを通して活動する時，あなたは力や能力を得るだけではなく，新しい知識も得ることができます。以下は文化摩擦の例です。明らかな結論はないのですが，まず始めに多くの人にとって問題となることをとり上げましょう。

1
トイレット・トレーニング：文化摩擦の一例

　次は母親と先生の摩擦の場面で，激しい議論をしています。

　「あなたの望んでおられることを私はできません」と先生が言います。「私はすべての子どもの世話をする時間がありません。そのうえ」。彼女はためらいながら言います。「1歳の子どもにトイレット・トレーニングなんて考えられません」。

　「でも，あの子はもうトレーニングしたのですよ」と母親が強調して言います。「あなたはオマルにあの子を座らせてくれさえすればよいのです」。

　「彼女がトレーニングされているのでなくって，あなたがトレーニングされているのでしょ」。先生の声は静かで落ち着いていましたが，首から顔が紅潮し始めます。

　「あなたはわかってないわ！」。母親は娘を抱き上げ，おむつバッグを取って

ドアを出ていこうとします。

「いいえ，わかっていないのは，あなたです！」と先生は棚の上に不安定に山積みになっている汚れた皿を忙しく洗いながらつぶやきます。

この場面は先生と母親の両方とも正しく，お互いに理解できないだけなのです。2人は文化摩擦に巻き込まれているのです。残念なことに，いくつかの問題の誤解を解決する前に会話は終わってしまいました。もしこの2人が話し続けることができたら，お互いの考えをいつかは見始めることができたかもしれないのです。そうしていくうちにどこかで，納得できる同意に達することができたかもしれないのです。

この議論で「文化的」とはどういうことなのでしょうか？ 腸と膀胱のコントロールは文化的違いというより生物的事実とみなされます。トイレット・トレーニングをもっと遅く始めるという研究の視点からは1歳でのトイレット・トレーニングを正当化するのは困難なことです。

2
相反する定義と目的

摩擦が起こる原因の一部にはトイレット・トレーニングの定義と目的があります。もし，先生がトイレット・トレーニングを教えることだとか，子どもが自分でトイレができることが自立には必要なので，それを促進しなければならないことだととらえたり，目的をできるだけ早く，苦痛をともなわないで成し遂げることだとするならば，12か月はトイレット・トレーニングを始めるのに早すぎるとみなすでしょう。12か月の子ども達には大人の助けが必要です。でも，もしトイレット・トレーニングをおむつを減らすためと考え，トイレット・トレーニングをすることで子どもとのパートナーシップを築いていくものだととらえるならば，子どものサインを読み取り，「今がその機会だ」と思ったらすぐに始めてください。最初のケースは子どもの自立に焦点がおかれ，次のケースは相互依存におかれています。

大人と子どものそのようなパートナーシップがどのようにしたらできるのでしょうか？　とあなたはお尋ねになるでしょう。次のジャニス　ヘイル・ベンソン（J. Hale-Benson）の言葉をみてください。

　　黒人の赤ちゃんは多くの時間抱かれているので，親は排尿や排便がすぐわかります。その時赤ちゃんと母親の間には心のつながりがあります。だから母親が子どもにトイレット・トレーニングを求める時（早期に強制的に，それは黒人コミュニテイで行なわれてきました），子どもはその過程で直接的な関わりに慣れていくのです。その反対に，排尿や排便を自分だけでするアメリカの中産階級の乳児にとって，その変化はもっと驚くことです。母親は通りいっぺんの世話を何か月も経て腸や膀胱の動きに干渉し始めます。黒人の母親の行動には大きな連続性があります。

　次にドロシー　リー（D. Lee）は，こう述べています。

　　中国人の赤ちゃんは6か月ごろまでに排尿したいことを知らせることを覚え，しかもトイレット・トレーニングをしないでとてもおおらかに扱われているようにアメリカの観察者達には見みました。赤ちゃんが排尿したい時，その前の段階で自分の身体全体で関わります。腕に赤ちゃんを抱いている中国人の母親はこの段階で敏感に感じ，まさに決定的な瞬間には抱いている赤ちゃんを自分から離します。しだいに赤ちゃんは抱かれていることから離れようとすることを覚えます。母親は赤ちゃんをコントロールしようともしませんし，むりやり自分でコントロールさせようともしません。その代わり，母親は子どものリズムに敏感になり，赤ちゃん自身の独自のパターンから始めて，自然に社会的しつけに適応できるように援助するのです。結論として，ここで　興味深いことは，たいへん早い時期に「トイレット・トレーニング」されますが，赤ちゃんにとっては自然に行なっている経験であり，自律性は乱されていません。なぜなら，母親が感受性をもち，子どものことを"聴く"という忍耐強さがあるからです。

　私達はいつも親が望んでいるようにできるとは限りませんが，本書の第2版

で読者のみなさんに赤ちゃんのトイレット・トレーニングの問題に関してはわかっていただけました。赤ちゃんにトイレット・トレーニングをしている親に，親がしたいようにしてくださいと助言するのでなく，子どもの世話をする人達が，親の言うことに耳を傾け，トイレット・トレーニングに対する考えの違いを尊重してほしいのです。親が家庭で行なっていることを保育所で同じように親と協力して行なうことは不可能ではありません。1人の先生がこのような話をしてくれました。「ある母親が1歳の子どもにトイレット・トレーニングをしているので，おむつをする必要はないと私に話しました。私は懐疑的になりましたが，そのことを母親には言いませんでした。その代わり，母親がしていることを見せてくれるように頼み，見せてもらいました。私は自分でもそれをしてみました。とても簡単なことでした！　うまくいきました。ずっと赤ちゃんを抱いている必要はなく，赤ちゃんがいつ行きたそうにするかということに，ただ注意を向けていればいいのです。いずれにしてもそれは強制的なものでも否定的なものでもありませんでした。その赤ちゃんがもう私の注意を必要としなくなったのは驚くほどまだ早い時期でした。自分でトイレに行くことができました。もし，私自身の目で見ていなかったら，私はそれを信じなかったでしょう」。私はあなたが信じないことを何でもしてくださいと言っているのではありません。一見したところ100％不可能ではないかと考えることにも，あなたの心を開いてほしいということです。

3
先生と親との良いコミュニケーションの例

　先生が親の強い気持ちを知り，議論を続けようとする場面を再現してみましょう。

　「私がやっていることに，あなたが何か強い感情をもっておられるように思えるのですが。残念ながら，あなたが望んでおられることはできません」と先生が言います。「私にはすべての子ども達を十分に保育するだけの時間がありません」。
　「私はやっていただきたいのです。娘にはいつも乾いたおむつを身につけていてほしいのです。だから，子どもが行く必要がある時に，あなたはただオマルに

子どもを座らせてくれればいいのですからとても簡単なことです」。

「このことはあなたにとってとても大切なことなのですね」。

「はい，とても大事なことなのです。あなたが必要でない時にどうして替えおむつを置いておきたいのか私には理解できません」。

「私とあなたとはトイレット・トレーニングについての考えが違うことが問題だと思うのですが」。

「そうですね。私にもそう思えますね」。

短い会話で2人がある種の同意に達する機会は少ないですが，言い争ったり壁をつくる代わりに，先生がコミュニケーションを続けようとしたので，この問題についてのより良い会話のためのドアが開かれたのです。専門的能力をもち，知識のある先生に面と向かって自分の考えを説明することは親にとっては困難なことですし，英語を流暢に話せない親にとってはなおさらのことです。

先に述べた対話では問題がはっきりしました。2人はどんな同意にも結論にも達しませんでしたが，直接，問題を話し合いました。でも，文化によっては直接的なアプローチを避けるところもあります。ズバリと言うのは聞き手を侮辱することになるのです。ホールによると，ある文化では，心に悩みをもっている人は「自分がはっきり言わなくていいように，対話者に自分が悩んでいることをわかってほしいと思うのです。そして基本的には決定的なことを言わずに，そのポイントの周辺の話をするのです。その周辺のことからわかっていくのが対話者の役割なのです」。これはこのようなやり方で議論しない人にとってはとてもおかしく思えるかもしれません。

たとえ，例で述べた親が問題を効果的に伝えることができても，そしてまたその親の子どもがほとんどの時間おむつを濡らさないままでいる必要があることに注意を払うことがいかに大事であるかを先生にわからせたとしても，それは摩擦を解決するものではありません。大切なことだと理解することは会話をするにあたって，とても重要なことですが，それだけでは十分ではないのです。

先生が問題をいったん理解しても，次にどのように対応するかを決めなければなりません。この場合，いかに先生が敏感で理解的であっても，母親とうまくやっていくことに同意することは考えられません。もし先生が相互依存を信

じていない時に，ただ親が子どもに望んでいるというだけで，自分自身の価値観に反することをしないといけないのでしょうか？

　これはむずかしい場面です。たくさんの質問をされますが，そのどれにも正しい答えはないのです。先生として，あなたは子どもの要求，親の要求と価値観，あなた自身の要求と価値観，そして問題の本質を考えなければなりません。もしもあなたが自分の考えがはっきりしていて，その考えが問題の本質と調和しているならば，しっかりと地に足をつけてください。はっきりしなかったり不確かな人は，他の人のことを考えずに自分サイドのことをしっかり守ろうとして防御的になりがちです。もしあなたがしっかりしていれば，本当に親の言うことを聴き，その子どもを理解しうまくやっていけるでしょう。この摩擦の原因に気づき理解したら，良い関係をつくりしだいに対話を継続していくことができるでしょう。

●◆● 4 ●◆●
文化摩擦の5つの解決

　文化摩擦を解決するのに5つの方法が考えられます。状況によってそれぞれの方法がどのように作用しているか見ていきましょう。たとえば，母親がトイレット・トレーニングをしているという18か月の子どもがおむつをしないで保育所に来ます。その子どもは自分の予備においてある服も保育所の予備の服も使い，何度も何度もパンツを濡らします。このようなことが1回以上起これば，親と先生の間に摩擦が起こります。この摩擦で考えられる解決方法は何でしょうか？

妥協から生まれる話し合いによる解決

　もし親と先生がともに協力し，この件に関して問題を解決できたら，相互に満足のいく解決が見つけられるかもしれません。「いっしょにこのことについて考えましょう」と言うのが話し合いを始めるのに良い方法です。もし双方によって起こった行動で同意に達することができたら，話し合いを通して問題を解決したことになります。たとえば，母親は「私は家で子どものトイレット・トレーニングを続けます。保育所にはおむつを着けて連れてきましょう」とい

うかもしれませんし，また，先生は「私はスタッフが十分いる時にはあなたの子どもをトイレに毎日連れていくようにします。そうすればうまくいくでしょう」。こうして2人とも少しずつ歩み寄ったのです。

未解決な摩擦とどうつき合うか
　子どもにトイレット・トレーニングをする時期にきているという母親の考えに先生は賛同はできないものの，母親が間違っていると説得もできないかもしれません。この場合，くすぶった感情や双方が協力しなければならないと嫌々ながら思ったり，考えの違いで仕方がないとあきらめたりしながら，摩擦は続くかもしれません。摩擦の関係が否定的なものになるか肯定的なものになるかは信頼が大きく影響します。もし，先生が親は子どもを愛しているということがわかれば，それは大きな助けとなります。実際，すべての親が子どもを愛し，親達のわかっている範囲で，その環境の中で最善をつくしていることを理解している先生達はいますし，親にとっても先生が心から子ども達に最も関心をもっていることがわかった時に信頼が生まれます。このような信頼をもつことで親や先生は考えの違いで仕方がないとあきらめないでいられるのです。

先生教育
　先生は親がどのようにして子どものお漏らしを防ぐかを親から学ぶことを考えてみてください。この場合，先生は親のやり方を学ぶのです。そしてそのことで先生は子どもの世話の仕方を広げることになります。先生が親の考えを理解した時，考えが広がり順応できるようになり，自分自身の目的や方針を調整し，さらに親の仕方を理解して調整することができるのです。

親教育
　子どもがいつもお漏らしをするので，まだ子どもはトイレット・トレーニングする段階ではないと先生は親に納得させることができます。子どもがお漏らしして服を着替えさせるのに，ひんぱんにその子どもがしていることを中断させることがどれだけたいへんかを先生は親に見てもらうこともできます。先生が親への目標や価値に敏感であるかぎり親教育はすばらしいことです。親を親

自身の文化的信念や子育てから引き離すのは良いことではありません。

相互教育

　時には摩擦は創造的な視点に変えると解決することができます。先生は二元的な考えから全体的な考えに変わるかもしれませんし，親といっしょに考え，自分達の考えなかった結論に達するかもしれません。全米乳幼児教育協会（National Association for Education of Young Children）が1997年に出版した著書『発達にふさわしい教育実践』（Developmentally Appropriate Practice〈DAP〉）では専門家が二元的なものを超えて保育することをうながしています。私達が正しいとか間違っている，良い，悪い，適している，適していない，黒，白のような相反する見地から考えるのをやめたら，これまで思いもしなかった考えに到達することができるのです。私が全体的考えとよんでいるのは，『発達にふさわしい教育実践』では both/and thinking とよんでいます。もっと大きな視点で見るとき，2つの考えはともに適合し，双方とも取り入れて新しい全体的な見方となって相反する立場から抜け出せるかもしれません。

　ニュー・メキシコ大学の特殊教育の教授であるイザウラ　バレラ（I. Barrera）は別の展望を調和させる方法を「第3領域」という言葉を使っています。彼女は「妥協する」ということを言っているのではありません。第3領域は妥協ではなくて全体の新しい領域なのです。母親にどのようにして子どもにトイレット・トレーニングをするのか見せてほしいと尋ねる先生は「第3領域」に入ったのです。その先生は自分の信じていることをあきらめる必要はありませんでしたし，新しいことを取り入れて自分の考えを広げることができたのです。親もおそらくトイレット・トレーニングには違った考えの人もいるんだということを受け入れることができたでしょうし，それはその母親を傷つけるものではありませんでした。

◆◆◆ 5 ◆◆◆
先生は親に変わるよう説得すべきか

　親の目標を考慮しなければいけないので，この質問に答えるのはむずかしいことです。親は自分達や子ども達が「アメリカ化」することを望んでいるので

しょうか？　おそらく彼らは自分達の国に帰るでしょうし，親の関心は，子どもが自分達の文化にうまく適応するかどうかであって，これは当然のことだと思います。

　もうすでにカナダ人やアメリカ人になっているけれども，主流の文化でない家族にとって自分達の文化を保持することは重要です。るつぼ（melting pot）でなくてサラダ・ボール（salad bowl）であるならば，それぞれのグループが自身のもち味を保持できるように多様性は尊重され，保護されるべきです。でももち味は変わります。文化はけっしてじっとしていません，文化は進化し続けています。さらに，ある文化が他の文化に接触したとき，両方とも変化します。アメリカで多くの親にとっての要求は自分達の文化的アイデンティティを維持し，この避けられない発展に直面しながら子ども達に伝えていくことです。文化的アイデンティティを維持するためのこの要求は，文化的態度，価値，目的のために社会に十分参加することをためらっている文化のメンバーには，大きな精神的葛藤の原因となるのです。もしあなたが葛藤を体験したことがなければ，もしそんな問題に直面したらあなたの中に強い重圧を抱く原因になるだろうことを想像してみてください。

6
親教育と先生教育

　異なった文化の人達の間で摩擦が起こっても，私は親教育は大事であるし，また，先生教育も大事であると信じています。発達にふさわしい教育実践であなたがどんなにわかっていても，完全な研究に基づいた子ども発達情報でさえも文化的偏見があることをわかっていなければなりません。研究者には価値観があり，自分達の文化に大事な問題を考えます。文化的先入観を通して結果を見ています。たとえば，ある種の言語的背景が学校での成功と関係があることを認める研究者は，異なった言語的背景から来ている子ども達に不完全さを見いだします。研究者がこれらの子ども達の家族の文化的見解から問題を考える時，研究者は違いの中に力を見ることができるのです。

　私は子ども発達の情報を否定すると言っているのではありません。私達すべてが文化的に敏感になることで，何か学ぶことがあると言っているのです。

自分達の物差しで他の文化を判断しないことです。人は自民族中心主義になりがちです。自分達の文化を「ふつう」とみなし，他の文化を「ふつうでない」と見てしまうのです。たいていの人は自分達の文化は優れていると感じていますが，それは当然です。あなた自身の中にあるもの，そして他の人の中にあるものを認め，そして受け入れてください。同時に，すべての文化ははっきりした理由をもって徐々に発展してきたことを理解してください。文化は優れていたり，劣っていたりするものではありません。ただ存在するのです。

　以上のことすべてを知って，あなたは親との摩擦をどのように乗り切りますか？　親自身に自分達の文化が良いのだと感じてもらいながら，あなた自身が自分の文化について信じていることをどのように明らかにしますか？　あなたのほとんどの時間が子ども達のグループの要求に出合った時，どのようにこれらの問題について討論をしますか？　それはたやすいことではありません。たくさんの前向きな気持ちとかなりの忍耐力とコミュニケーションと問題解決の能力が必要であり，同時に子どもの発達の理論にしっかり根づいていることが大いに役立ちます。

●◆● 7 ●◆●
摩擦を解消するための RERUN（もう一度する）という方法

　私はこれまで学んできた摩擦解決の方法は好きではありませんでした。私にとってそんなにものごとがきちんと次々とうまくいくものではありません。それで私は全体的に考えようとして，摩擦解決のための私なりの考えを思いつきました。段階をふんで説明しますが，ものごとは同時，また無秩序に起こることがあります。

　　　R=REFLECT（投影する）
　　　E=EXPLAIN（説明する）
　　　R=REASON（理由づける）
　　　U=UNDERSTAND（理解する）
　　　N=NEGOTIATE（協議する）

　REFLECT（投影する）の R は 2 つの意味をもっています。1 つは他人の感

情や考えに投影することで，もう1つは自己への投影です。感情を表わしている子ども達には，あなたが見たり聞いたりしているように投影してください。これが積極的傾聴とよばれるもので基本的には受容するという方法です。たとえば，混乱している母親に「あなたは何かに動揺しているように見えるのですが」「あなたは困惑されているようですね」または「あなたは本当にためらっておられるようですね」などと言います。ポイントはコミュニケーションの扉を開くことです。感情に直面したとき，ほとんどの人達はふつう，コミュニケーションの扉を開くよりは閉じてしまう反応をしてしまいます。会話を続けようと意識すると，論争や非難，批判，混乱，そしてその他のすべてのコミュニケーションを閉じてしまうやり方を避ける方法が見つかります。コミュニケーションを開くもう1つのポイントは私達自身の心の内を深く見ることです。自己投影は痛みや不安，恐れ，そしてすべての隠された感情，過去に原因する体験などが明らかに現われます。自分自身の感情を知り，ほかの人達と率直にコミュニケーションするのにもっと役に立つのです。

　EはEXPLAIN（説明する）のEです。説明する前に私達はたくさん聴かなければなりません。私達の見方も大事なのですが，あまりにも早かったり，強かったりすると対話は論争になってしまいます。私達は2つの耳と1つの口をもっています。これは私達が話すことの二倍分聴いたほうがよいということの良い暗示です。

　RはREASON（理由づけする）のRです。あなたが自分の立場を説明する時，そのための理由をあげてみてください。自己投影をした後，最初の思いとは違う理由を見つけるかもしれません。でも説明したり理由づけすることよりも人の言うことを聴く方がもっと大事です。

　Uはこの過程の重要な部分を表わします。それはUNDERSTAND（理解する）のUです。あなたが聴いたり，自己投影したり，話したりする時，相手の人がその人の状況のもとでの考えや感情，考え，信念をもっていることをもっと完璧に理解することができるようになります。ここでは歴史的なものも含まれることになります。あなたはさらに大きな様相をつかもうとしているのです。あなた自身を理解することはこの過程のあとの半分です。

　NはNEGOTIATE（協議する）のNです。それはあなたと相手がお互いの

理解を深めようとすることで始めることができます。あなたが問題を早く解決しようと感じた時，急いで協議に簡単に走ってしまいます。でもその時に耐えることが大事です。もし相手の人がパワーがないと感じたら，協議に影響を及ぼします。自己エンパワメントを学んでください。どんな状況のもとで私達は他人をエンパワーするのか学んでください。そして最後に協議するところにたどり着き，そこでうまくいかなくなったら，また始めに戻り投影することから始めてください。

8
文化摩擦解決への提案

子どもを保育する時に起こる文化摩擦を扱うのに役立つヒントです。

1. ゆっくりととらえてください。どの摩擦もすぐに解決することを望まないでください。お互いに理解し関係を築いていくには時間がかかります。すでに述べたように解決できない摩擦もあります。それらは何とかやっていくしかないのです。共通の一致が見られなかったり，解決方法がない時，違いに対処していくことを学ばなければなりません。この対処はむずかしいように聞こえますが，議論の結果が結論ではないことがわかれば，対処することが可能になります。
2. あなた自身を理解してください。あなた自身の価値観や目標を明らかにしてください。あなたが信じていることを知ってください。最低のラインをもち，柔軟になるために，余裕を残しておいてください。
3. あなた自身の不安に敏感になってください。それを無視しないで，あなたを悩ませていることに耳を傾け，そのことが去っていくことを望んでください。他人のどんな行動があなたを不安にさせているか，わかろうとしてください。あなたの中で何がこの不安を生み出しているか見つけるよう努力してください。
4. 他の文化について学んでください。本を読むことやクラスでの体験やワークショップが役に立ちますが，ステレオ・タイプや偏見的な情報に注意してください。あなたの最も良い情報源は保育プログラムにおける親からのものなのです。親が自分達の文化の何を信じているかチェックし

て，それがあなたが受けた他の情報に合うかどうか見てください。でも，1人の人をその人の文化の代表にしないでください。個々に聞いてください。そして親があなたにもたらした情報をとり入れてください。でもすべての文化に一般化しないでください。学んだようにあなたの心を開き続けてください。あなたの見方をチェックしてください。多様性を見つけ賞賛することと不完全さを説明することとは違います。

5．あなたの保育プログラムで，親がそれぞれ子どもに何を望んでいるか気づいてください。親の目標は何でしょうか？　親の子育ての実践はどんなものでしょうか？　あなたに話してくれるよう親にうながしてください。質問をするよううながしてください。このようにして，あなたは文化について気づくかもしれませんし，個々や家族の違いに気づくかもしれません。すべて重要なことです。

6．危険を感じる人になってください。もしあなたが十分に安全なら間違いを冒しても大丈夫だと感じるかもしれません。間違いは異文化コミュニケーションの一部です。あなたが危険を冒したり間違いを冒した時，あなたの背後に良いサポート・システムをもつことは役に立ちます。質問をし，仮定を調査してください。あなたの好奇心を告白してください。でもできるだけ尊重してすべてを行なってください。

7．コミュニケーションをし，対話をし，協議してください。もしあなたが協議に入る前に関係を築くチャンスがあったら，しだいに相互に満足な関係にいたりそうだということです。あなたは本書を通してコミュニケーション→対話→協議の過程の例がわかるでしょう。

8．力を分かち合ってください。エンパワーメントは対話→協議の過程において大事な要素です。ある人はエンパワーメントを（ある人は自分自身個人的にもっているパワーを体験することを考慮して）脅迫するものとして見ますが，実際，エンパワーメントは新しい形のパワーを生み出します。ある先生はエンパワメントは自分自身のパワーを捨ててしまうことを意味すると恐れますが，これは真実ではありません！　だれも個人のパワーを与えることはできませんし，誰もそれを取り去ることもできません。パワーを認めることや使うことを避けたり，思いとどまったり

しますが，私達はみな，個人のパワーをもっているのです。パワーやエンパワーメントをわかち合うと，みなのパワーが強まるのです。

　異文化に接した時，文化的に異なる人々を理解するのに必要なことを学んだり，コミュニケーション能力をみがいたり，摩擦が起こった時に対処したりすることはたいへんなことかもしれませんが，結論として，1つ以上の文化にふれることは明らかに価値あることです。
　多様な文化的背景の子どもを保育する時，みなが多くのものを得るのです。あなた，子ども達，親が，さらに学び，人間の多様性を尊重する機会をもつのです。

4章　保育の日課：食事と昼寝

　人生の初期において，食事をしたり睡眠することはまさに織り合わさったものです。子どもは成長するにつれ離れていきますが，それがどのくらいの限度で，どのような時期かは，食事や睡眠に対する大人の感じ方によって異なります。

1
食べることと眠ること：2つの対照的なやり方

パターン1：スケジュール

　乳児が食べたり，眠ったりすることに関して親や先生の扱い方を見ると2つのパターンが見られます。1つめのパターンはスケジュールを決め，その一貫性を保とうとするやり方です。目標は食べることや眠ることが規則的で予測がつくように乳児にきちんと日課を決めることです。これは食事を規則的にさせ，乳児を日中や夕方，一定の時間目覚めさせておくようにさせます。

　スケジュールは1日めから始められないかもしれませんが，1日めからこのパターンの親は乳児に昼と夜の区別をさせようとします。目標は夜，長い時間乳児を眠らせ，日中は起きて食事をする時間をとらせようとします。

　乳児は初めは必要に応じてミルクを与えられるかもしれません。親がお腹がすいたと考える時にいつでも与えられます。でもしだいにスケジュールが決められ，親はなんらかの達成感を感じます。乳児は哺乳瓶か母乳で3〜4時間おきにお乳を飲み，定期的にミルクの合間に仮眠をとり，夜には6時間から8時間眠ります。

　1日に3度の食事（ミルク），2回の昼寝をするというスケジュールが定まると次のステップとなります。時間がたつにつれ午前中の昼寝はだんだん遅く

なり，午後の昼寝と混合していきます。そうすれば「ああ，もうこの子も1回のお昼寝になったわ」と言います。

　日課を大切にする親に育てられた乳児は規則的な食事（ミルク）と睡眠同様，一定の就寝時刻があります。日課を変えることは親も乳児も混乱します。子どもが騒がしくすると親は日課がくずれたと思い「あの子は今日はお昼寝をしなかったからうるさいんだわ」とか「スケジュールがすべてなくなってしまったわ」と言います。

　これらの親は1日のスケジュールを決めることは日常のリズムをつくることだと考え，それは健康や幸せに大切だと信じています。「育てやすい赤ちゃん」は日課に適応する子どもで，「育てにくい赤ちゃん」はスケジュール通りに規則正しくさせようとする親に反抗する子どもです。

パターン2：自然なリズム

　時間に左右されない親もいます。その人達はスケジュールはたてません。自分達の生活は自然な身体のリズムと調和しているのです。もし時間に生活を奪われることなく自由にできたら，そうするでしょう。たとえ自分達ができなくても，乳児のためにはそうしたいと思うでしょう。

　睡眠のリズムのパターンは食事の始まりのリズムと関係しています。母乳はいつでも用意され，適度の温度なのでパターン2には最もうまく活用できますし，母親は飲んだ量に関しては気にしません。母乳を飲ませ添い寝する母親は，夜，子どもがすぐに寝るかどうかはあまり気にする必要はありません。パターン2で育てる人は最後に飲んでからどのくらい時間がたったかを考えないで，赤ちゃんがお腹がすいているようだったら飲ませます（これは「この子はたった2時間前に6オンス飲んだのに，まだお腹がすいているはずがないわ」というようなパターン1の人とは対照的です）。飲んだ母乳の量は量れないので，パターン2の人は赤ちゃんが泣いた時，お腹がすいているのかどうかははっきりわかりません。

2つのパターンを示す例

　2つのパターンの違いを対比してみましょう。あなたが2か月の赤ちゃんを

もつパターン1の母親だと想像してみてください。

あなたはテレビで面白い映画を見ていて就寝が遅くなり，赤ちゃんが夜中眠ってくれるよう最後のミルクをあげたかったので，11時にミルクを飲ませるために子どもを起こします。そして子どもはすぐに眠ります。あなたも深い眠りにつき，楽しい夢を見ています。とその時，別の部屋から恐ろしいほど大きな泣き声がします。

「多分，赤ちゃんはまた寝るでしょう」と片目をあけて，3時をさしている時計をちらっと見てつぶやきます。

赤ちゃんは寝ないで，だんだん声が大きくなっていきます。あなたはベッドから引きずられるように起きて，今行くわよ，ととても優しい声をかけ赤ちゃんを安心させようとします。バスローブを引っかけて，台所に向かいます。素足なので床が冷たく感じます。冷蔵庫からもれる明かりにまばたきをしながら開けますが，中が空っぽなのでびっくりします。こんな時のために用意してあるほ乳瓶はどこなのでしょう？　ありません！　11時に最後のミルクで使ってしまったことを思い出します。

そこで，ミルクをつくり始めますが，それは永遠に続くように感じます。別の部屋からの泣き声で急がなければと思います。やっとほ乳瓶を持って台所から出てきます。

ミルクが欲しくて大声をあげて泣いていた赤ちゃんは眠気を催すようになり，あなたと赤ちゃんは部屋のロッキングチェアでくつろぎます。赤ちゃんは始めは必死でお乳を飲みながら，小さな指をあなたの手にはわせていましたが，空腹がおさまるにつれ落ち着いてきます。あなたは1時間後，やっとベッドに滑り込みます。冷たくなった足は今やひんやりしたシーツであまり気持ちよくありません。寝返りをうち，目を閉じますが眠れません。あまりに目が覚めすぎてしまったのです。暗闇に横たわっていると，赤ちゃんの部屋からかすかに満足した寝息が聞こえてきます。あなたはこれまでの2か月間ずっと眠れない夜を過ごしてきたことを考えます。

1　食べることと眠ること：2つの対照的なやり方

今度は同じ状況の母親を考えてください。でもパターン2の母親です。この場合との比較をしてみてください。

> あなたはベッドでテレビ映画を見ています。あなたの赤ちゃんはそばでくつろいで，もうすでに眠っています。赤ちゃんがお腹がすくと目覚めることがわかっているのでミルクを飲ませるために11時に起こすようなことはしません。映画が終わって，電気を消し，寝返りをして眠ります。あなたはちょっと音をたてて動く赤ちゃんに時どき起こされます。電気をつけず，時計も見ません。あなたとの間にある布団を取り除き，あなたの乳首を赤ちゃんが探しやすいようにしてあげます。どちらも十分目覚めることなく赤ちゃんは乳首を探すことができます。力強くお乳を吸います。あなたはうとうとまどろんでいます。朝，目覚めた時，夜，何度赤ちゃんがお乳を飲んだかはっきりしませんし，それはあなたにとって重要なことでもないのです。赤ちゃんがお腹がすいた時にお乳を飲んだということだけがわかっているのです。

パターン1のスケジュールで動くことで構成されている保育プログラムに，パターン2の赤ちゃんが（自然なリズム，時間を無視する）参加したらどうなるのでしょうか？

保育プログラムにおけるパターン1とパターン2

ふつう，パターンの不一致は赤ちゃんが食事や睡眠のスケジュールや自然のリズムにそうよううながされるので赤ちゃんとの問題は起こりません。でも，もしパターン1の先生がスタッフの一員だったら，赤ちゃんのための目標は個々の日課をたてることになります。

赤ちゃんがお腹がすいた時，誰も母乳をあげる人がいませんが，赤ちゃんにお乳をあげることは，ふつう個人的なことです。だからたとえ先生がきちんとそれをしようと思っても，個々の自然な食事のリズムは同じようにはうまくいきません。時どき先生は哺乳瓶を使ったり，時間を無視して自然なリズムとまったく同じようにしようと努力します。でももし赤ちゃんがしょっちゅうミルクを欲しがったら，それに応えようとする先生は，たとえスケジュールを決め

るつもりはなくても，ずっとミルクを飲ませるのは良くない，一定の間隔をおくべきだと考える人には不満を感じるかもしれません．以前にも述べましたが，母乳を与えるのと，哺乳瓶で与えるのとの違いは哺乳瓶で飲む赤ちゃんはどのくらいの量を飲んだか親や先生がわかるということです．

　保育をしていて，赤ちゃんのためにもっとも共通するアプローチは，それぞれの赤ちゃんの要求を考慮に入れ食事や睡眠の個々のスケジュールを進めていくことです．赤ちゃんはだんだん成長しているので，2歳，時には3歳まで，ほとんどの幼児が同じスケジュールで食事をしたり，睡眠したりできるまで，すべての子どものスケジュールをそろえるためのいくつかの試みがなされます．

　1人で寝ることに関して

　1人で寝ることに関する問題は，保育中時どき幼児用ベッドで起こります．パターン1の親は別の部屋に赤ちゃんを寝かすか，少なくとも，自分の部屋でその子のベッドで寝かせます．親とは離れて赤ちゃんが自分自身を見られることが必要だと考え，個人として赤ちゃんをみなそうとします．

　パターン2の親もまた幼児用ベッドを持っているかもしれませんが，パターン1の親ほど多くは使いません．赤ちゃんを1人で寝かせることを好まないので，幼児用ベッドを買うことさえしないパターン2の親もいます．パターン1の親とパターン2の親はお互いを非難するかもしれません．両方ともそれぞれ相手が間違っているという強い理由をもっています．

　カナダやアメリカでの保育プログラムではたいていパターン2よりパターン1の傾向にあって，それぞれの子どもが寝るのに幼児用ベッドが必要だという考えに固執しています．そして実際，保育プログラムのやり方をバックアップするための認可規定があります．

　次に示すのはある保育プログラムで起こったことです．東南アジアからの移民の家族が幼児センターに自分達の赤ちゃんを入所させました．以前はこの赤ちゃんは1人ではけっして眠りませんでした．それでその赤ちゃんが静かな暗い部屋の幼児用ベッドに入れられた時，とても興奮しました．疲れていても寝ることに抵抗する子どもがよくする混乱状態というより，状況にたいへんな恐

怖を抱いた子どもの起こすパニック状態でした。どんなにスタッフがこの子が1人で寝ることを援助しようとしても，どうにもできませんでした。プレイルームでの活動の途中，誰かのそばでだけ眠りました。1人だけで寝ることはその赤ちゃんにとっては怖く，慣れない状況でした。

　スタッフはその子どもの特別な要求を受け入れたいと思い，それが文化的違いだと認めたのでした。しかしながら，州認可規定はそうではありませんでした。

　でもこの件はハッピーエンドとなりました。遊び場所から離れた部屋で乳児を1人で幼児用ベッドに寝かせるという規定を放棄することを認める権利を許可されたのでした。

子ども達を寝かせつけること
　同じ文化の人でも子どもを寝かせつけることに必ずしも同じ意見とは限りません。赤ちゃんが落ち着いて眠る方法を見つけることは大事で，それを眠らせる時に使うという人達がいます。この人達は疲れた赤ちゃんを幼児用ベッドに寝かせ，最後に落ち着くまでたとえ興奮しても，1人で眠らせようとします。

　また，ある人達は自分達の落ち着かせる方法を使って赤ちゃんを眠らせ，うまくいかなければ赤ちゃんにとって嫌なことは進んでしようとはしません。この態度は文化に影響されているか，もしくは生活環境に関係するかもしれません（泣いている赤ちゃんが他の人のじゃまをする時，親は考慮して泣いている赤ちゃんを泣かせないようにするかもしれません）。小さなアパートに多くの人が住んでいて，毎晩近くで15分ほども激しく泣いて眠る赤ちゃんがいる状況を想像してください。赤ちゃんが自分で寝る方法より，親の平和と平穏を尊重することのほうがもっと重要かもしれません。

　もう少し大きい子ども達を寝かせるのも，また，別の問題です。というのはもし子ども達が幼児用ベッドで寝なかったり，幼児用ベッドで寝てもそこから出てきたりします。あなたは子ども達を寝かせ，そのままベッドで自分で眠ることができるよういくつかの方法を考えなければならないか，落ち着かせ寝かせつけるためにいろいろな手段を使わなければなりません。もしあなたが熱心

なパターン１の人なら，子ども達がスケジュール通りに寝るか子ども達が疲れているとわかるまで簡易ベッドか毛布か幼児用ベッドにできるだけ長くいられるように訓練するかもしれません。もしあなたがパターン２の人なら，「子どもを寝かせること」にそれほど固執しないかもしれませんが，子どもが疲れた時はいつでも「自分で寝る」ことを期待するでしょう。

　私の経験では後者のパターンをとる先生はほとんどいませんでした。それは１つには先生も子どもから解放されることが必要なので，子どもの午睡の時間に自分達の時間をとるのです。実際，スケジュール通りにするより，いつでも子どもが望む時に休ませたいとたとえ思っても，保育プログラムで一定の「午睡時間」をとるためにはいろいろな外部のプレッシャーを感じるでしょう。子ども達を疲れさせることや自分達で寝かせられないことが議論されるかもしれません。パターン２の人の批判は，彼らは子ども達を「極度の疲労にまで」いかせることです。この批判に対する答えは，早いうちに自分達自身の身体のリズムと調和させることを学んだ子ども達は食事することの必要性に気づくのと同じように，休むことの必要性に気づくというものです。パターン２の人は，それは自分自身の身体の要求との接触を保つため（特に多くふれない社会では）に大人に良い訓練だと考えています。

2
食事を与えることと自分で食べること

　睡眠や食事は気分に負うところが大いにあって，先生と親との間で摩擦が起こることがあります。次の場面は文化摩擦の例を示しています。

　　１人のお母さんが幼児センターに子どもを車で迎えにきます。そして部屋に入って自分の子どもが一方の手でスプーンを空中にふり回し，もう一方の手ですでにいっぱいになっている口の中にさらにかゆ状シリアルを突っ込もうとしているのを見つけます。お母さんは急いで子どものところに行き，子どものそばに座って見ている先生に顔をしかめて言います。「タオルはどこなんですか？」。
　　先生がタオルをとって母親に渡すと，母親は小声でぶつぶつ言いながら嫌がっている子どもの口を勢いよく拭いてやります。彼女がぶつぶつ言っている理由は

子どもが自分で食べる過程と汚くしていることへの不満なのです。

　先生は近くにいる他の子ども達をきれいにしてやりながら，自分でできる能力のことと知覚経験について話そうとしますが，怒っている母親は自分の子どもにかかりっきりです。子どもの手をつかみ顔を拭いてやりますが，よだれかけをしているにもかかわらず服は子どもが騒いでいる時につけた食べ物のシミがついています。母親は自分が手に持っているシャツは子どもがはいているパンツとはつりあわないけれども，急いで着替えさせます。そして子どもの服装を見てうんざりした顔で首を横にふります。手におむつ入れを持ち，子どもの手を引いてドアから飛び出ていく時にはまだ落胆でいっぱいのように見えました。

　先生も今では怒りがこみあげ，子ども達に注意を向けなければいけないのはわかっていても，心を落ち着かせるためにしばらく座ったままでした。

対話することで摩擦に対処

　親の態度で先生が怒りを感じることがあります。そのために先生が親の考えを理解しようという気持ちになれません。攻撃されたり，非難されると傷つきます。でもこのような摩擦は防衛的になくしてしまうのではなく，先生が親と調和をさせていくことが大事です。

　先ほどの例のように親が帰っていったら，親や先生はどのように対話をすることでコミュニケーションがとれるのでしょうか？　聞くことも話すこともしないで怒っている親とはどうしたら良いのでしょうか？

　あなたが何をしようとも，どうぞあきらめないでください。関係を築くことに頑張ってください。コミュニケーションをもつためには，自分の視点を得ることばかりを考えないでください。そのことが，あなたが親に関心があり，尊敬していると親が感じることになるのです。この関心や尊敬を伝える1つの方法が感情を理解することなのです。親がどう感じているかわかると，徐々に対話に入っていく良い機会となるのです。

　とりわけ，あなた自身の考えに防御的にならないでください。親の考えを理解することに努力してください。目標と優先事項を考えて始めてください。あなたは同じ波長にいましたか？

　前述の例のような状況の場合，同じ波長にいたことにはなりません。先生の

優先事項は食事時間に自分でできる能力のことと知覚経験にありましたが，親はたくさんの違った理由で，きちんとすることについてのもっと強い気持ちがあったのです。

早い時期に自分で食事をすることへの見方を変える

アメリカの保育の専門家達は赤ちゃんが食事をする時どんなに汚しても，食事の過程に参加し，お皿から自分の口にもっていけるとすぐに完全にうまくいくようにうながすことが重要だという考えをもっています。カマーとポーサイント（J. P. Comer & A. F. Poussaint）は「あなたの赤ちゃんが自分で食べようと努力している時は，励ましてあげてください。このことは自立の気持ちを支持するだけでなく，手を使ってもっと大きな能力を発達させているのです」と言っています。また別の専門家は子ども達が食物に触ること，食べ物で遊ぶことについて寛容であるようアドバイスし，これらの行動を知覚体験とさえ見ているのです。

ある文化では，食べ物はあがめる物であり，どんな時であろうとけっして遊ぶ物とは考えられません。多くの人はプディングでフィンガーペインティングをしたり，練り粉で遊んだり，「知覚のテーブル」に豆や米を置くことを嫌います。厳しい食料不足を経験した人は食べ物で遊ぶという考えにぞっとするでしょう。個人的な飢餓の経験がなくても世界的な飢餓に対して強い気持ちをも

っている人もいます。その人達は食べ物を遊びに使うのは間違っていると感じます。

　子どもが食べ物で遊ぶことや，そのことを通して知覚体験をすることに対して違った態度をとる人がいます。

　食料が充分でない人は，それをもったいないと思うし，充分に洗濯機や乾燥機を持っていない人や余分の衣服がない人は子どもが服を汚すことを嫌がります。また，別の人はすべてそろっていて豊かな生活をしていても子どもが汚くしながら食事をすることを嫌だと思います。両方とも，優先事項は汚い物を片づけるより防御することにあります。防御するとはスプーンを使って赤ちゃんに食べさせることです。

　ソデタイニ　シバタ（S. Shibata）は日本人がどのようにして子どもに自分で食べるようにさせるか，そのアプローチを語っています。

> 　子ども達は自分でスプーンを使う能力を獲得するまで，食べさせてもらいます。でも親は自分で食べさせたり，親が食べさせたり，しばしば両方の方法を使います。子どもが就学の時期に近づくと親が食べさせることをやめ始め，子どもが小学校に入学するとやめます。規則正しく，きちんとすることは日本の日常生活でたいへん強調されることです。

　きちんとすることに価値をもつことは時間不足ほどには問題ではありません。親が子どもに食べさせ，そのあと片づけをするのに急がなければいけない時，子どもがきちんと能率よく食べられるまで（それは遅くとも4歳くらいかもしれませんが），スプーンで食べさせる方法を続けたほうが都合がよいと思うかもしれません。

　自立と相互依存が対比するのは自分で食べるという自助能力についての葛藤が背後にあります。私が相応と考える年齢をはるかに超えている子どもにスプーンで食べさせているヒスパニック系の数人の親と，以前いっしょにやってきたことを思い出します。私は早い時期に自分でできる能力を考えて子ども達に自立させようとしていましたが，その親達は違った考えをもっていました。他人を助けることを子ども達に教えることほどには，子どもが自分で自分のこと

をすることには関心がありませんでした。子ども達に食べさせることで，教えたい行動のモデルを示そうとしていました。親達の目標は相互依存でした。

　子どもが1人で立つ（自分自身の二本の足で立つ）ことにあまり理由が見えないけれども，子ども達が経験したり価値関係をもつことには多くの理由が見えたら，あなたはもっとずっと後に自助能力をつかせることに意欲的になるかもしれません。要は相互の依存なのです。有能な大人に小さな子どもは依存しています。いったん，この段階が終わると，他の依存がとって代わるでしょう。でも，あなたが依存しているように，成長するに従って依存は一方向のものではないのです。相互依存は人生を通しての条件で，家族や人と永久的な愛着が関係づいたら，ある文化では高く評価されることです。

摩擦の一因としての食事

　何を食べるかということで摩擦が起こることがあります。その一例として，ある親はベジタリアンであることの強いモラルと宗教的理由をもっています。またある親は肉を避けるのに健康的理由をあげています。多くの文化で，栄養的必要条件として肉よりも他の食べ物を使い，肉を大事な食べ物としてはみなしません。これはしばしば肉が高価でたやすく手に入らないということもあります。たとえば，あるメキシコ人や中国人の家族は主流の食べ物に豆や穀物を使い，栄養食の大部分というより，味をそえるために2，3の料理に少しだけ肉を使います（たとえば，豆，米，チリ，トルティーヤはメキシコ人の食卓に標準的に出される食べ物です）。基本的な食品として，このことは特に今日，アメリカで多くの人々が動物製品の脂っこい食品を過度にとることと比べれば，理解できることです。

　趣をそえるためだけに肉を使うことに慣れている先生は，肉が出されなかったら食事だとは考えられない古いタイプの農家出身の先生よりもベジタリアンの親を理解しやすいでしょう。いろいろなベジタリアンが存在し，先生はそれぞれを理解することが大事です。厳しいベジタリアンは食品から赤肉だけを取り除くベジタリアンとは異なります。何が食べられて，何が食べられないかをきちんとはっきりすることは重要で，その家族のベジタリアンの食品や特別の食品がどんな種類なのかについて理由を知っておくと助かります。道徳的な理

由で食べない家族は，宗教的理由で食べない家族に比べるとそれほど厳しくありません。禁じていることは何か，どのくらい厳しいのかを理解してください。たとえば，もしあなたがコウシャー〔訳者注：ユダヤ教で，諸規則に従って適正に処理された食品〕の印を含んだ包装された食べ物に気がつかなかったら，コウシャーでない食べ物を子どもに簡単に食べさせてしまうかもしれません。また，肉とミルク製品のような混合食品は避けなければなりません。ポークに関して制限しているどんな宗教的グループにもクラッカーやアイスクリームやその他多くの食べ物のようなラードを含む食べ物を避けなければなりません。そして1年のある時期や特別な休日には食品は変わるかもしれないのです。この種の情報は親からもらわなければなりません。もし親にとってそれが大事だったら，おそらく，情報を提供してくれるでしょう。でもそれを真剣にとらえるのは先生しだいです。

　他の人が自分の子どもに正しく食べさせていないと感じた時，大きな摩擦が起こります。断食することは摩擦が起こる原因となります。もし親が断食は人を神に近づけ，こうすることは子どもの精神を向上させると信じていて，それを保育所が無視したことを言えば，親はショックを受けるでしょう。もしこの摩擦に対処しなければ（もし彼らがそれを解決できなければ），むずかしい状況が存在するでしょう。もし，先生が子どもが権利を奪われていると感じ，親が悪いとみなしたら，強い感情が出てきて断食している子どもに食事を与えたり，ベジタリアンに肉を与えたりするような不幸な行動を起こしてしまいます。もし先生が子ども達の食事の世話をしている時に，泣いている子どもに対処しなければいけない状況になると，摩擦は特に困難になります。

子どもが食べる量に責任をもつ

　どのくらいの量を子ども達が食べるかについての責任をとるかとらないかの葛藤があります。親に関しての専門家達は**身体の知恵**を引用して理由をあげ子ども達にむりやり，強制的に食べさせることに反対しています。自分を健康に保とうと身体が自然に行なう傾向があるので，赤ちゃんはお腹がすいた時，食べるのです。赤ちゃんはバランスのとれた食品を与えられた時，自分に必要なものをとると専門家は考えます。みなが強制したり，なだめたり，えさでつっ

たりしないように忠告しています。一部の親や先生のこれらの行動が子どもの食事の問題を引き起こします。

　食べ物が多量にある家族にだけ子どもに食べ物を食べさせる問題が起こるのです。世界的には，食べ物を強制的にむりやり食べさせることはめったに考えられることではありません。ワーナー（E. Werner）は次のように述べています。

　　　15歳以下の世界のすべての子ども達の4分の3が開発途上国に住んでいます。30秒おきに100人の子ども達がアジア，アフリカ，ラテンアメリカ，オセアニアのどこかで生まれています。その子ども達の20人が1年以内に死亡しています。生きのびた80人のうち，60人は幼児，乳児の間に身体的，精神的成長のとり返しのつかない妨げとなる苦しい栄養失調に陥っています。

　このような子ども達の親は，子ども達に食べるように強制する問題には直面しません。親達の悩みは子ども達に与える食べ物が得られるかどうかです。飢えている子ども達に食べることを強制する必要はないのです。

　相当の量の食べ物を得る方法はわかっていても，飢えている人達のことを考えられる英知のある親は，子ども達に一定の量の食べ物を得るのは自分達の仕事だと感じています。多くの文化ではふっくらした子どもに価値をおきますが，それはおそらく細い子どもは死ぬかもしれないからです。でもその要素以上に多くの文化でふっくらした子どもは魅力的で好ましいと見ます。ストリングフェロー（L. Stringfellow），リエム達（N. D. Liem & L. Liem）がベトナム人の親41人に尋ねると，すべての人が赤ちゃんはふっくらしているのが良いと答えました。子どもを最も立派なサイズのままで育てている親は，ちゃんとやっていると感じ，やせた子どもの親はまだまだダメだと感じるのでしょう。主流の文化ではある程度わかっているのですが，細いということは健康という面から見られるのでなく，他の国では弱い身体のサインだとみなされるのです。

　時には親は「ちょうどよい量」を子どもに食べさせることが先生の仕事だと思っていることがありますが，それはその期待が子どもの食欲と一致する限りすばらしいことです。でも，「ちょうどよい量」が子どもが食べたい量より多

かったり，少なかったりした時，先生は子どもの自然な身体の知恵が消化する量を決定しなければならないと感じ，葛藤が生まれます。「食べているのだから，それでいいのだ」という態度で子どもにもっと食べ物を食べさせてもよいとほとんどの先生が確信するのはむずかしいことです。そして強い理由がなければ，まだお腹のすいている子どもに食べ物を与えるのをやめるのは先生にとってむずかしいことです。

なだめるために食べ物を使うこと

子どもの機嫌の悪い状態に対処するためにミルクを与えることは，先生と親のもう1つの共通した葛藤です。お腹がすいているかどうかはわからないけれども，ある赤ちゃんは哺乳瓶を与えると落ち着きます。食べ物は快いものとして見る傾向を生涯を見すえて教えていくには，食べ物をなだめるために使うべきではないという強い気持ちが先生にはあります。

赤ちゃんが不快や不満，怒りを表わすために泣くことはよいことだと先生は思っています。もし哺乳瓶を持たせてなだめることに慣れている親が，自分の子どもが涙をいっぱい浮かべて泣いているのを見たら，おそらくその親は先生に不満を感じるでしょう。この問題は食べ物のことだけではなく，子どもが怒りや不幸の感情の表現をすることを許したり，うながすべきか，あるいはそうではないかということと関係します。このことは第7章で述べます。

結論として，食事に関して文化的違いのいくつかは価値観の葛藤に影響します。もしも子どもが自立，独立，自己主張する唯一の個性をもって成長するならば，早い時期の自助能力，適正を教えていくことに力を入れる食事のあり方に価値を見出すことは可能でしょう。でも，哺乳瓶からミルクを飲む時，抱くことは自立の段階と考えられるので，しばしば価値あることとしてとらえられます。満たされた愛情欲求と後の自立とは関係があります。ミルクを与えられる時，抱かれて安全に，愛された子どもは，哺乳瓶を持たされ幼児用ベッドに自分1人で放り置かれていた子どもより，もっと自立して育つと思われます。

離れて暮らしたり，1人で暮らす独立した人に成長することではなく，家族のそばに置いておくということが子どもに対する目標の家族では，相互依存に重点が置かれます。親が個性や自立に重点をおかないで，現在も未来も目標と

して協調や関係性を重視すると，食事をさせることを含む保育実践に影響します。

◆◆◆ 3 ◆◆◆
食事や睡眠における摩擦を解消するための提案のまとめ

　睡眠や食事に関する摩擦で親とは反対の立場にいるとわかった時，あなたがとれるいくつかの段階をここにあげてみます。

1. これは大事な問題かどうかまず区別してください。親が行なっていることは実際，子どもを傷つけていますか？　問題は赤ちゃんを寝かせるのに抱くか，親といっしょに寝かせるかということに関わることです。この問題は重要ではないかもしれません。区別する過程の段階で他の人と話してみてください。よく吟味してみると，傷つく可能性はなく，ただ意見の違いだとわかります。あなたは正しいのでもなく間違ってもいないのです。このような場合，問題をそのまま見てください。哺乳瓶を持って寝ている赤ちゃんの状況はどうですか？　「ボトル・マウス」（ボトル・マウスは，流動食やミルクやジュースが長い間寝ている間に歯の裏につくことが原因で虫歯になってしまうこと）の危険性はどうですか？　さらに第1章で述べたように赤ちゃんをうつぶせに寝かすことの問題があります。もしあなたが，赤ちゃんが乳幼児突然死症候群（SIDS）の起こる高い率を知っていたら，親が赤ちゃんをうつ伏せに寝かせてほしいと言った時，あなたはその通りにしますか？

2. もしあなたがそのままにしておくことができなかったら，親の見方から問題を見ようとしてください。もしあなたが見方を変えた経験がなかったら，このことはたやすいことではありません。でももしあなたが幼児と活動をしていたら子どもの目を通して世界を見た経験があるでしょうから，今度はこの状況を特別な大人の目を通して見るようにしてください。新しい見方をするのに大切な必要条件は怒ったり，受け身的にならないことです。もしこの摩擦があなたの中にある強い感情を除いたら，やりやすくなります。そんな感情を横においておけるかどうか考えてください。そして次のように自問してください。「私はこの親の子どもに

対する目標を理解しているかしら？」。
3. 親が自分の目標を明確にするのを援助してください。これはおそらく一晩でできることではないでしょう。かなり長い，継続的な対話の結果，できることなのです。親が子どもに何を望んでいるか，親とあなたの両方がいったん理解したら，問題の行動が目標に反映しているかどうかいっしょに吟味しましょう。もし，保育実践と子育ての目標が一致すれば，あなたはその問題のあなた自身の立場を再考するべきです。しかし，もし保育実践と子育ての目標が衝突すれば，あなたにとってたいへんな仕事となります。
4. あなたの努力があってもなくても，親が保育実践と子育ての目標が衝突していることが自分でわかったら，その状況をどうしたらよいかわかることが理想的な状況です。あなたが始めからあまり自分の見方を強引に押しつけなければ，親はこの点であなたのアドバイスを望んでいるかもしれません。そうすれば親は個人的，文化的目標と保育実践がもっと一致するように変化しようと決心するかもしれません。

5章　愛着と分離

　以下の2つの事例は，生後3か月の赤ちゃんが母親と家で過ごしているようすです。これらを比べて違いを考えてみましょう。

1
赤ちゃんAの場合

　赤ちゃんA（女児）は，床の中央に敷かれた毛布の上に仰向けに寝かされています。お母さんも床に座っており，赤ちゃんの目を覗き込むように見つめています。赤ちゃんとお母さんは，簡単な遊びをしています。赤ちゃんは「アウー」と声をあげて笑います。お母さんは赤ちゃんのまねをします。赤ちゃんはその音をくり返します。次にお母さんが「アウー」と言い，舌を三度鳴らします。赤ちゃんはお母さんの顔のほうに向けて両腕をふりながら，母親が出した音をその通りまねます。家の中で聞こえる音は赤ちゃんとお母さんの声だけです。

　2人の遊びを邪魔するように電話が鳴り，静けさが打ち破られます。お母さんは赤ちゃんに「電話だわ。電話でお話ししなければならないの。すぐに帰ってくるからね」と言いながら，中に鈴の入ったおもちゃを拾い上げて立ち上がります。お母さんはそのおもちゃをふり，赤ちゃんがおもちゃのほうを見た時に，赤ちゃんの手が簡単に届くよう顔の側にそれを置きます。お母さんは素早くドアの向こうに立ち去ります。赤ちゃんの顔はお母さんの立ち去る背中を見つめて曇ります。お母さんの姿が見えなくなった時，赤ちゃんは大声で泣きわめきます。「はい，はい，お母さんがいなくなるのがいやなのね。お母さんは別のお部屋にいますよ。すぐに戻るからね」。母親の声が一時的に赤ちゃんに安心感を与え，赤ちゃんは，耳のそばにあるおもちゃに注意を向けます。

この母親は仕事をもっています。彼女が家にいる週末のほんのわずかな時間，この母親を追跡調査したとしても，この母親と赤ちゃんは，いっしょにいたり離れたりして過ごしていることがわかるでしょう。母親は「自分自身の時間」を大切にしており，彼女の子どもにもプライバシーと「ひとりの時間」が必要だと感じています。それで，彼女は1日をそのように過ごしているのです。

　赤ちゃんが「ひとりの時間」を過ごすのは，1日2回の昼寝の時間です。つまり，子ども部屋のゆりかごの中で眠ったり，母親が家の中の別の所で用事がある時に，1人床の上で過ごしたり，時どきベビーサークルの中にいたりする時です。

　赤ちゃんは夕方，定期的に両親と離れることもあります。親達はベビーシッターを雇って，あたりまえのようによく外出します。なぜなら，彼らには「夫婦の時間」が必要だからです。

　赤ちゃんAは定期的に母親と離れてはいますが，いっしょにいる時は前述の場面のように，母親はしばしば子どもに十分な注意を払っています。母親は赤ちゃんに話しかけ，いっしょに簡単な遊びをし，おもちゃを見せたりして，赤ちゃんに応えます。母親は赤ちゃんと「質の高い時間」を過ごしているのです。

　この母親は，親子間の愛着について考えており，愛着という言葉とその重要性に気づいています。また，自分の娘についていろいろと気づき，敏感である

ことによって，愛着が形成されることを知っています。さらに，愛着を促進するために相互作用が重要であることも理解しています。そして，自分が娘の最初の愛着の対象であることも知っているのです。赤ちゃんは父親にも愛着を示すのですが，両親がいっしょにいる場合には母親のほうを好みます。

　母親は，娘の育児を他人の手にゆだねたとしても，そのことが自分と娘の愛着関係を傷つけることにはならないことに自信をもっています。母親は娘が自分を認識しており，保育プログラムの中で先生に対して反応するのとは違った形で自分に反応することに気づいているのです。たまに，彼女は自分の娘が先生のうちの誰か１人に特別になつくようになることを心配します。しかし一般に母親は独占欲が強いと思われているので，やがて，このような思いは，たんに母親であるということによる嫉妬であると気づきます。そして，長い目で見れば，自分が娘にとって本当に価値のある存在であると自分自身を励ますことができるのです。

◆◆◆ 2 ◆◆◆
赤ちゃんBの場合

　次に赤ちゃんB（女児）について見てみましょう。彼女は祖母の膝の上にきちんと座って，外を見ています。時どき部屋にいる人々をちらっと見上げながら，前かがみになり，満足して祖母の腕をなめたり，ちょっと噛んだりしています。祖母は，寝椅子のもう一方の端に座っているこの赤ちゃんの母親と話をしています。赤ちゃんのおばさんにあたる人が部屋の片隅で裁縫をしており，赤ちゃんの２人のいとこ達が別の片隅にあるテレビを見ています。時折，赤ちゃんは騒がしい声をあげますが，祖母は，赤ちゃんの母親との会話を熱心に続けながら，赤ちゃんを軽く揺すったり，背中をさすったりしています。

　テレビを見ていた２人の子ども達が部屋から出て行ったので，祖母は片腕に赤ちゃんを抱いたまま立ち上がってテレビのボリュームを下げます。祖母が，座っていた椅子の所まで戻る間，赤ちゃんの母親は赤ちゃんを抱こうと腕を差し出します。祖母は赤ちゃんの母親のひざの上に赤ちゃんをあずけます。２人の子ども達が部屋に戻って来て，再びテレビのボリュームを上げます。母親はテレビのコマーシャルのリズムに合わせて，赤ちゃんを揺すります。

電話が鳴ったので，母親は立ち上がって受話器を取ります。電話で話している間，母親は赤ちゃんを抱いています。しかし，赤ちゃんがむずかり出したので，赤ちゃんの叔母がミシンの所から立ち上がって母親の腕から赤ちゃんを引き取りにやって来ます。そして赤ちゃんを部屋中，歩かせたり，やさしくぴょんぴょん跳ねるようにさせたりします。

　赤ちゃんはすぐに叔母の腕の中で眠ってしまいます。叔母は，注意深く赤ちゃんを祖母のそばの寝椅子の上に寝かせ，ミシンの所に戻って2〜3分してから，テレビを見ている子どもの1人に「さあ，あなた達のお洋服ができたわよ。今夜のパーティーにちょうど間に合ったわね。あちらへ行って着てみてごらん」と言います。その言葉は，そこにいた他の人々の注意を引きます。みなはパーティーの準備をし始めるために立ち上がって部屋から出て行きます。祖母だけが部屋に残され，赤ちゃんの母親が彼女と交替するために戻って来るまで，寝椅子の上の赤ちゃんの側に座っています。赤ちゃんの母親が，パーティーのために赤ちゃんに着せようと思っている特別な上下一揃の服を持って別の部屋から戻ってきます。

　この赤ちゃんは決して1人ぼっちになることはなく，いつも誰かの腕の中か，彼らのそばにいます。家族がどこかへ出かける時は赤ちゃんも同伴します。パーティーに行く時のように，家族は全員，いつもいっしょに出かけられるよう準備をしているのです。

家族はこの赤ちゃんの愛着についてほとんど考えてはいません。常に赤ちゃんか2人の子どもが家の中にいて、そこにはいつも子ども達の世話をする多くの人がいるのです。乳児の愛着などということはこの家族の関心事ではないのです。

　この赤ちゃんには多数の世話をする人がおり、母親はそのことを1つの財産だと思っています。母親は、もし自分が赤ちゃんの世話の責任をたった1人で負うとしたらどうしていただろうと考えてぞっとします。

　この家族の中では、愛着の問題（彼らはそれらを愛着とはよばないのですが）は、乳児期の後にも存在すると言えるでしょう。この家族の中で年長者の関心事は、赤ちゃんが愛着関係を形成しているかどうかということではありません。子どもが成長し、さまざまな要因で家族が引き離されそうになる時に、大人の年齢に達した世代をいかに家族に結びつけておくかということが年長者の関心事なのです。他の街の大学に通っている息子がいる祖母にとって、このことは特別な心配事なのです。息子は弁護士になって家族のもとに帰ってくるのだろうかと彼女は心配しています。また、最近結婚した末娘の夫は兵役中で、今までのところ末娘はまだ家にいるのですが、彼女の夫がいっしょに住めるような所に駐屯させられたならどうなるのかと、赤ちゃんの祖母は心配しているのです。

◆◆3◆◆
子どもの独立をうながすかうながさないか

　ホール（E. T. Hall）は、彼の著書、『文化を超えて』（*Beyond Culture*）の中で次のように述べています。「世界は、子どもの独立をうながす人々の文化と、うながさない人々の文化とに二分される」。

　赤ちゃんBは、伝統的に、成長するということが「家族から独立する」ことを意味しない家族の中で生活しています。この家族の大人達は、これまで、親と無関係な自分自身のアイデンティティを確立する必要がなかったのです。彼らは持続的家族の一員のまま成熟した大人になったのです。彼らは二者択一的選択をしなかったのです。

　ハス（F. Hsu）によれば、彼の文化では「親子の絆は一時的というよりもむ

しろ永久的なものです。親子の絆は不変であるために，個別の受容や拒否を条件としないことがあたりまえなのです」。

　赤ちゃんAの母親は，「子どもの独立をうながす」文化を背景にもつ人です。皮肉にも，初め彼女の関心事は赤ちゃんを「自分に繋ぎとめる」ことでした。自分の子どもを家庭外保育の手にゆだねたので，愛着が母親にとって1つの問題だったのです。しかし，彼女は結果的に「子どもの独立をうながす」ことを見越して，子どもを独立した個人にするプロセスも始めたのでした。母親にとって，愛着と分離という2つのプロセスは，子どもの人生を通してともに取り組んでいかねばならない絡み合ったテーマなのです。やがていつの日か，母親は，自分がしたのと同じように，娘が両親を離れて家から出て行き，どこかで自分自身の生活を築くことを望むことになるでしょう。

　赤ちゃんBとは対照的に，赤ちゃんAは，1人の人間との，すなわち彼女の母親との愛着形成をうながされています。たとえ，赤ちゃんAが，第二の愛着対象，（父親や彼女が預けられる保育施設の先生）をもつとしても，母親はこの赤ちゃんの人生で最も重要な人物なのです。特に授乳など，育児の日課の時に行なわれる母子の相互作用は，赤ちゃんAの母親の文化の中で，乳児の愛着の一種と考えられるような繋がりを生み出す傾向があります。赤ちゃんはすでに他とは異なる反応，すなわち，母親に対する愛着をしっかりと示しています。赤ちゃんは数か月たつと，見知らぬ人に対する恐れを示すようにもなり，母親と引き離されることに激しく抵抗し始めるでしょう。この種の愛着をもった多くの子ども達は，生後9か月くらいで，以前は平気だった保育所に預けられる時でさえ，親が行ってしまうと泣いて，いわゆる「分離不安」を示し始めます。

　赤ちゃんBは，多くの人に世話されることに慣れています。このことは，彼女の人生にさまざまな人々との出会いをもたらします。赤ちゃんBは生活の中で大人達に囲まれているので，おそらく赤ちゃんAがもっている独占的な関係の魅力や嫉妬の感情を知ることはないでしょう。赤ちゃんBもAも，分離不安を示すには幼すぎます。しかし，赤ちゃんBは常に少なくとも1人の世話をしてくれる人といっしょにいるので，年齢が上になっても，たぶん分離不安を示さないでしょう。しかしながら，もし見知らぬ人といっしょにとり

残されたとしたら，彼女は赤ちゃんＡよりもっと大きな声で，また，もっと幼い年齢であっても，そのことに抵抗するでしょう。集団間の強い絆をもっている赤ちゃんは，彼らと関係のある集団から離れた時に非常に動転します。

　赤ちゃんＡと赤ちゃんＢの事例は，どちらかの育て方が絶対的によいということではなく，むしろ何を優先させているかということを示しています。たとえ赤ちゃんＡの両親の目標が，自分で自立することのできる一個人を育て上げることであっても，彼らは自分達の娘の社会的欲求を排除してはいません。もちろん，娘に人々への親しみを感じてほしいと願っており，まわりの人々とうまくやっていってほしいと望んでいます。赤ちゃんＡの両親は娘が家族の中でも外でも，人々の関係にみずからをゆだねることができるようにと願っています。彼らは自分達の娘が，やがてどこかへ行ってしまい，両親を避けるようにさせるつもりはありません。そしてもちろん，赤ちゃんＢの家族は，彼女が個性をもった人間として，家族関係を超えた世界で役目を果たすことができるよう願っているのです。

　赤ちゃんＡとＢの子育ての目標を異ならせているものは，分離の程度です。赤ちゃんＡの両親は，娘がお互いの繋がりの中に入ってくることや，そこから出ていくことができるように，また，1人の人間であることの自由を奪ういかなる関係も断ち切ることができるようにと期待しています。赤ちゃんＢの家族は，子どもが自立し始める時に，これまでの親子関係を終わらせるという赤ちゃんＡの両親のような目標はもってはいません。彼らは娘がものごとを自分達の知らない所で取り運ぶのではなく，お互いの繋がりの中でそのことを成し遂げてほしいと思っているのです。

◆◆◆ 4 ◆◆◆
子どもの生命が脅かされる時：愛着のプロセスへの影響

　生命が脅かされる状況は，幼い子どもが示す愛着の特徴に影響を及ぼすようです。未熟児や重い病気の子どもは，無意識に両親や他の人々に愛しいと思わせるような，愛着をうながす行動を示さないと言われています。このような赤ちゃんの能力の欠如を無視して，愛着をうながすために愛情を感じるようになる大人もいます。しかしながら一方では，赤ちゃんが生き続ける可能性を失う

苦しみを恐れて,家族が意識的にあるいは無意識に子どもと距離をおくようになる場合もあります。

このことは,未熟児や病気の新生児が愛着を形成できないということではありません。たんに,愛着のパターンが健康な新生児のパターンとは異なる可能性があるということなのです。そしてこのことは,永久に愛着が形成されないということではないのです。危機が過ぎ去るか,あるいは,その後も生命が脅かされる状況が続いているとしても,愛着心は十分に生じるでしょう。

子どもの生命が脅かされる状況は,大部分のアメリカの家族の主要な問題ではありません。このことは中産階級のアメリカ人である私の経験したことではありますが,これは個人的な状況,すなわち孤立した出来事なのです。しかしながら,世界には,生活の中の問題として乳児の死を経験している家族がいます。私は大昔のことを言っているのではありません。5歳までの高死亡率は,いまだに世界的な規準なのです。そして,アメリカ合衆国のある地域の乳幼児の死亡率は,想像以上に高いのです。

初めて保育に携わった時,私は低所得のメキシコ移民の親子と関わりました。親達に何人きょうだいがいるのかと尋ねたことを,時どき思い出します。彼らは,それぞれに2つの答えをくれました。つまり,生まれてきたきょうだいの数と生き残っているきょうだいの数です。これは私にとってこれまで経験したことのないことでした。なぜならその時まで,私は自分の世代できょうだいを亡くした人を誰も知らなかったからです。

乳児の生存が保証されているような状況の中で常に生活してきた人は,子育てに乳幼児の高死亡率の影響があるかもしれないことを理解するのはむずかしいかもしれません。赤ちゃんを失った家族にとって生きることがどのようなものとなるか,それも最近のことだけでなく,世代にまたがってどうなのかを想像してみてください。乳児の死の恐怖を絶えず経験していることは,親の行動様式に影響を与えます。

親の養育行動

乳児の死亡をほとんど,あるいはまったく経験したことのない親は,子どもの身体的,知的能力を発達させる方法を考えます。しかし,乳児の死の恐怖に

絶えずさらされている親，または，このような背景をもっている親は，まず赤ちゃんを救う方法に意識を向けます。しかし，「赤ちゃんを救う」ことが，育児の中にあまりに根深く組み入れられているので，育児用語にはないのです。乳児の死の恐怖に絶えずさらされていたり，このような背景をもっていたりする人々は，おそらく，自分達がなぜそうしているのかを，育児の特別な用語を使って説明しないでしょう。彼らは自分達が行なっていることを，あたりまえの育児だと思って受け入れているのです。それは，彼らが常にしてきたことであり，彼らが育てられた方法なのです。部外者はそれらを，文化的特色のある子育て方法とよびます。

以下に示したものは，乳児死亡率の高い，アフリカ，ラテンアメリカ，インドネシアの乳児保育の一般的パターンです。

1. 乳児は常に，昼も夜も，世話をする人の身体の上かそばにいます。
2. 子どもは泣くとすぐに世話をされ，西欧の乳児に比べて，泣くことがまれになります。
3. 授乳は，子どもが泣くことに対する反応として非常に頻繁に行なわれます。
4. 西欧的価値観で見れば，子育てにおいて，乳児の行動発達に関する系統的事項はほとんどありません。また（アイコンタクト，微笑みを引き出すこと，話しかけることなどをして），子どもを情緒的に反応する存在として扱うこともほとんどありません。

これら育児の特色は，子どもの生存をうながすためにどのような役割を果たしているのでしょうか？　レビン（R. A. LeVine）は次のように述べています。

　　乳児は常に世話をする人の上かそばにいるようにされるので，乳児の体調は監視できます。泣くとすぐに世話をされるので，世話をする人は揺ったり，授乳したりすることによって簡単に泣き声がおさまるかどうか，直ちにわかります。もし，泣き声がおさまらないならその子は病気です。病気以外の原因で泣くことをできるだけ少なくすることによって，子どもが泣けば病気であるといったように，

泣くことを身体的異常の1つの信号としてとらえるのです。しばしば授乳すること，特に母乳を与えることは，授乳から流動食に替えるために役立ち，熱帯地方で最も頻繁に乳児の死につながる下痢からくる脱水症状を軽くすることに役立ちます。誰かの身体の上に乳児を置いておく，あるいはその他の方法で子どものいる場所を制限することは，もし適切に扱わなければ死を招くような，思いがけない危害から子どもを守っているのです。高度で効果的な医療システムによるのではなく，すべてのことが，極度の環境上の危険に対する適応的反応であり，簡単で明確であるというよりも，有効性があるから用いられているのでしょう。生後まもない病気や死の危険性に対応した，この乳児に対する育児のパターンの中に，子どもの行動的特徴や社会・情緒的発達についての系統的事項が入り込む余地はありません。これらの事項は，習慣によって生命を保証する基盤ができるまで先送りされます。

子どもの命を守る行為と文化的価値観

それでは，環境が変わると乳児に対する育児はどのようになるのでしょうか。乳児死亡率の高い国からある家族がアメリカに移り住み，比較的経済的に安定し，よい医療を受け，彼らの赤ちゃんの生命の危険性が急に減ったと仮定してください。たぶん数世代の間，この家族の中で赤ちゃんは亡くならないでしょう。ところで，彼らの育児は変わるでしょうか？

レビンの理論では，育児法は次世代に受け渡された後，おそらく何世代にもわたって継続し続けられることになります。これらの習慣は文化的育児法に深く浸透していきます。私は，これらの子どもの命を守る行為を文化的価値観や愛着のパターンから分離することはむずかしいと考えています。

問題は，保育施設の先生がこれらを別々に考えるべきかどうかということです。親教育をする立場にいる時，あるいは，何か気がかりな子どもがいる時，たとえば，赤ちゃんが発する情緒的信号に無頓着に見える家族や赤ちゃんにめったに話しかけない家族，あるいは，赤ちゃんとのアイコンタクトをとるよう顔と顔が向き合うように赤ちゃんを抱かない家族など，このような家族にどのように関わったらよいかについて先生はジレンマに陥ることでしょう。その赤ちゃんがけっして名前で呼ばれないで，いろいろなニックネームで呼ばれていて，そのうちのいくつかは軽蔑的なものであったとしたら，あるいは名前でも

ニックネームでも呼ばれていなかったらどうでしょうか？

　これらの行動パターンはその家族の文化的価値観にどのように適合しているのでしょうか？　それらは子どもの命を守ろうとする行為の痕跡なのでしょうか，それともその家族の子どもに対する子育ての目標と関係しているのでしょうか？　言葉についてはどうでしょう？　赤ちゃんはただ言葉を聞いて学ぶのであって，語りかけられることによっては学ばないのでしょうか？　その家族は部外者が気づかない非言語的コミュニケーションを用いているのでしょうか，それともコミュニケーションが欠如しているのでしょうか？　愛着に関する問題があるのでしょうか，それともたんに文化差から生じている問題なのでしょうか？

　これらは簡単に答えられるような問題ではありません。これらの疑問に答えるためには，文化差について細心の注意を払いながら，親の育児行動がどのように子どもやその家族のために役立っているかを，いかに正しく判断できるかが問われます。もちろん，親の育児行動に干渉せざるをえないような立場にいない限り，先生はこのような判断をする必要はありませんし，自分自身に，この家族への介入は適切なのだろうかと尋ねなければなりません。この種の判断は，その家族と同じ文化的背景をもつ，優秀な熟練した人物ならうまくできるかもしれませんが，常に可能であるとは限りません。

　文化に関係する育児例の中で，他の要因によって複雑にされたものがあります。この場合の問題は，乳児の運動性に関することでした。場所は，移民の農場労働者のための保育所でした。保育所長は，子ども達の親と同じ文化の人でしたが，赤ちゃんは床の上を動き回る自由を与えられるべきだと主張しました。この保育所長は，常に子どもを抱いたり，別の方法で子どもの行動を制限したりすることは，子どもの発達を阻害すると感じていたのでした。親達は，それは彼らのやり方ではないと意義を申し立てました。赤ん坊は床に置かれるべきではないのです。そして実際，彼らの家では，床は危険だったのです。せまい空間に多くの外働きの人々が暮らしており，床の上といえる所はなく，加えて（たとえどんなに頻繁に掃いたとしても），床の上にはほこりや棘さえあったのです。そのうえ，せまくて人でいっぱいの部屋の中では赤ちゃんが踏みつけられるため，放ってはおけません。清潔で広々とした保育所の床の上にいること

と家の床の上にいることはかなり異なっていたのでした。それにもかかわらず，親達は所長の考えになお抵抗したのです。

　その所長は，親の考えを理解し，なぜ彼らがいつも赤ちゃんを抱いているのか，そして保育所で，誰かが赤ちゃんを抱いたり，少なくとも赤ちゃんをサークルベッドか乳児用の揺りかごに入れておくことを，なぜ親達が望んでいたのかを理解したのでした。保育所長は，親の望みを尊重したいと思いましたが，同時に，自由に身体を動かして，行動を制限されていない乳児が発達する過程を，自分の目で見て知っていました。彼女は，保育所の子ども達にとって最善のことを望みました。そして，子ども達の親も同じように思っていることを知っていました。親達は，自分達が慣れている方法以外のやり方を知らなかっただけなのです。最終的に，その所長は，子ども達が家で慣れているやり方と異なったやり方をすることが，子ども達から彼らの文化を取り去ることにはならないことを，親達に納得してもらうことができたのでした。

　文化的なことと言うより，子どもの生存の問題に関係しているように思われる別の例があります。これは赤ちゃんを名前で呼ばないという育児例です。この育児のやり方は，以前に子どもを亡くしたことに引き続いて起こる，1つの自己防衛手段です。私は個人的にこのことを理解しています。なぜなら，私自身，3か月の集中治療を受けた未熟児の母親だったからです。私は常に息子を失うかもしれないと考えていたので，自分自身を守ろうとしました。私は息子の出生証明書に記された名前とは違う名前で彼を呼びさえしたのです。この状況を経験した後，私は親の関心事に対して非常に敏感になりました。子どもの名前を用いることが重要だと親達に話して，彼らを「教育」しようとはしていません。私は，両親から名前さえつけてもらっていない集中治療室のある子どものことを思い出します。彼女の親は，彼女にたびたび会うことさえしませんでした。人は赤ちゃんを失うことに関する防衛本能を経験して初めて，他の親を非難しにくくなるのです。赤ちゃんの命が危うい時，すべての本能が，その赤ちゃんに愛着するなと囁きます。愛着心が，しかも強くて健康的な愛着心が後に生じたことを報告できることは，私にとって嬉しいことです。私はあの名前のない赤ちゃんがどうなったのかは知りません。一度彼女は集中治療室に入れられていましたが，それから後，彼女を見てもいないし，彼女のことについ

て何も聞くこともありませんでした。

5 まとめ

　この章の最初の所で述べた愛着のパターンは，子育ての目標としての自立と相互依存の違いを示しています。赤ちゃんAは自立するように訓練されており，一方，赤ちゃんBの家族は，相互依存に価値をおいています。どちらも，十分に役割を果たす有能な個人を育てることをめざしています。2つのパターンの違いは，その結果にあります。赤ちゃんBの家族は，家族集団への一生を通じた愛着を大切に考えています。赤ちゃんAの家族は，独立することのできる独自の個人を育てることをめざしています。このような比較は，両極端を見て，違いを強調することが目的ですが，現実には，バランスの問題なのです。赤ちゃんAの家族は娘が家族集団と繋がり，社会的能力を獲得することを望んでいます。彼らは，集団関係の中での個性を強調します。赤ちゃんBの家族は，自分が誰であるか，また，自分は何ができるかを知っていて，十分に役割を果たすことのできる個人を必要としています。彼らは娘の個性よりもむしろ娘が家族に組み込まれることに焦点をあてているのです。

　特に愛着に関して，文化的差異が原因なのか，あるいは家族としてうまく機能していないのかを，どのように区別できるでしょうか？　ある家族をその文化的視点からながめることができなければ，これらを区別することは容易ではありません。この重要な質問には簡単に答えられないのです。もし注意深くなければ，自文化と異なる文化のうまく機能していない家族を見て，彼らがどれほどその家族のメンバーを傷つけているかを考えずに，その行動は文化的なものであると判断しかねません。また，うまくいっている家族を自文化の視点から見て，育児行動が自分の文化のものとは異なっているという理由で，その家族がうまく機能していないと決めつける可能性もあります。だからこそ私達は，単一文化の環境で働く時よりも，さまざまな文化と関わる時に，より多くのことを学び，経験する必要があるのです。

6章　遊びについてのさまざまな考え方

　乳児期から引き続いて，子どもは（自分で起こしたことと同じように）自分の身に起きたすべてのことを通して学びます。子どもは，保育中に先生が彼らに関わる時，また関わらない時でさえも学びます。
　子どもは，遊んでいる時に学びます。遊びは，幼児教育の専門家に特に注目されています。
　大人がいかに子どもの遊びに注意を払い，それをうながし，そのために計画し，環境構成を行ない，そして子どもとどのように関わるかということは，すべてその大人の文化に影響されています。遊びは，重用視されているかのどちらか，いないかでしょう。文化は遊びがどのようなものであるかに影響を与えます。つまり，遊びは，大人が誰も関わらずに，子ども達が自分で行なうことであるとみなされているか，あるいは，大人が関わることが大切であると考えられているかのどちらかですが，それは文化によって異なります。文化はまた，子ども中心の環境，すなわち，子どもサイズの家具や設備やおもちゃが子ども達のために準備されているような環境で，子どもが彼らの時間の大部分を過ごすかどうかにも影響を与えます。大人の中には，子ども達が大人中心の環境にいることを好む人々もいます。
　2人の先生が，子ども達は少なくともある程度，子ども中心の環境で過ごすべきだということに同意している時でさえ，この環境を子ども達がどのように使うべきかに関しては意見が異なっているかもしれません。1人は，遊びを，物理的環境に個別に関わるための機会と考え，自己によって動機づけられた1人遊びととらえているかもしれません。そして，もう1人の先生は，他の人々とうまくやっていくことを学ぶ機会だとみなしているかもしれないのです。もし，1人遊びが重要だと考えられているなら（いくつかのモンテッソーリ・プ

ログラムの中で，子どもが個別の活動をするよう守られているように），他人の介入は遊びの邪魔になるでしょう。もし遊びが何よりも子どもの社会化に必要と考えられているのであれば，先生は，子ども達にお互いに関わり合うよううながすでしょう。遊んだり，学んだりしている乳児やよちよち歩きの子ども達を想像してみてください。

　2人の18か月の子どもが，転がり回り，少し空気の抜けたビーチボールの上で取っ組み合っています。2人の先生と生後6か月から20か月の子ども達がいる部屋の中で，彼らのかん高い笑い声がひときわ響いています。この2人のふざけ戯れる子ども達は，低いカーペットで覆われた仕切りに絶えずぶつかっています。この仕切りは囲いの一部で，囲いの中には寄りそって敷物の上に横になり，たくさんのおもちゃ越しに，お互いに見つめ合っている生後6か月と7か月の子どもがいます。2人の乳児はごろごろと喉をならしたり，クックと言って喜んだりしており，彼らの声は仕切りの別の側からのかん高い声と入り混ざっています。
　生後14か月の子どもが，よちよちと仕切りのほうへ歩いていきます。彼女はおもちゃを棒に突き刺します。彼女は棒を捨てて，仕切りを登ります。そして，どさっと2人の赤ちゃんの間に飛び降りて，生後6か月の小さいほうの子どもの顔に優しくふれます。1人の先生がすぐに現われて，囲いの中の3人の子どものそばに座ります。彼女は，「アンのお顔に触るのが好きなのね」と言うだけで，何もしません。先生が，必要な時に動けない子どもを守ろうとしていることは明らかです。女の子は床に散らばったおもちゃで遊び始め，赤ちゃんはその女の子の気持ちが自分から離れたことで，むずかり始めます。女の子は立ち上がり，その場から離れ，先生は，赤ちゃんに「いっしょに遊んでほしかったのよね」と言います。そして，女の子が満足そうにふったり，たたいて音を出したりしていたプラスチックのおもちゃを赤ちゃんに手渡します。その先生は，前後に転がって，彼女の注意を引き，泡の混じったよだれをたらしながら声を出している生後7か月の子どもの方へふり向きます。2人の赤ちゃんは「会話」を始めます。先生は最初，子どものまねをし，そしてその音を「面白い音を出しているのね」とか「ほら，見てごらん，あなたのよだれの泡」とか「指で何をしているかわかるわ！」などといったような言葉へと変えます。彼女は，それぞれの赤ちゃんの代弁者として「会話」をする時，次の番になる前に，子どもからの反応を得るため

にその都度待ちながら，いわゆる「交替」することを教えています。

　部屋のはす向かいでは，生後15か月の子どもが，小さな滑り台の階段を登っています。彼は，頭から先に滑り降りて，最後に両手で自分の身体を抱きしめることに喜びを感じています。彼の笑い声は，他の2人の子どものかん高い声と混じり合っています。彼は，滑り台の下のこじんまりとした空間に隠れている生後19か月の子どもに見つめられています。

　その19か月の子どもが，滑り台の下からはい出して来て，子ども達の目を引くように低い木製の机の上に並べられているいくつかのツーピース・パズルのほうへと歩いて行きます。彼は左右の手でそれぞれのパズルのパーツを取り上げ，それらを激しく打ちつけます。彼は，目の所まで帽子を引っ張り降ろして，くすくす笑いながら鏡の前で手探りしながら行きつ戻りつしている別の子どものほうを見るために向きを変えます。

　子ども達から発せられる断続的な騒音がなければ，保育室は静かです。実際，騒音は厚いカーペットや素材の柔らかな家具や布製の壁掛け，そしてその他の音を吸収する装置によって和らげられてはいるのです。

　保育室の色は，音と同様にトーンが抑えられています。壁や備えつけの家具は，ベージュ系で，その色合いを浮き立たせるために，あちこちに桃色と落ち着いたカントリー・ブルーのアクセントをほんの少し加えたような自然な色合いです。しかし，遊具は明るい原色なので，それらは，中間色の背景に際立ったコントラストをつくってめだっています。

　鏡の横に置かれたかごの中から別の帽子を取り出してかぶろうとしている子どものそばに，大人が1人，静かに座っています。その先生（男性）は，めだたないように立ち上がって，レコード・プレイヤーのほうへ歩いて行きます。彼は帽子をかぶっている子どもに，「踊りを踊るための」音楽をかけることを知らせます。彼は，クラシック音楽を選んで，その音が柔らかくなるように音量を注意深く調節し，子どものそばに座るため，もとの場所に戻ります。

　ビーチボールで遊んでいた2人の子どもが，ボールの上に覆いかぶさって喧嘩を始めています。ボールの上で取っ組み合いをしている時の彼らのかん高い声は，もはや楽し気ではありません。もう1人の先生が2人の所へやって来て，別のボールを差し出します。彼女は「さあ，2人にそれぞれボールがあるわよ」とやさしく語りかけます。しかし，子ども達は彼女を顧みません。1人が強く引っ張っ

たので，ボールはもう1人の子どもの手から離れます。ボールを手にした男の子は，滑り台の下に隠れるために走って逃げます。ボールを取られた子どもは，それを追って，そのボールをつかみ取ります。今度は，最初にボールを取った子が滑り台の下からはい出して来て，ボールを奪い返した相手の子どもを平手打ちします。叩かれた子どもは，すぐに助けを求めて大人を探します。すぐそこに先生がいるので，その子どもは安心します。先生（女性）は，やさしくなだめるような調子で話しながら2人の男の子の間にあぐらをかいて座ります。

「よし，よし」と言いながら，彼女はやさしく相手にふれることを子ども達にやって見せます。「ジェイソンがあなたをたたいたのね」と泣いている男の子に言います。そして穏やかな，落ち着いた声で，それぞれの子どもの気持ちを言葉で言い表わし，つい先ほどくり広げられた子ども達のやり取りについて話し合います。彼女は子ども達を批判したり，裁いたりしません。ただ，同じような静かな調子で話し続けます。やがて泣き声はやみます。子ども達の争いからエネルギーは失せ，2人とも，先生とビーチボールから離れて，別の所へ行ってしまいます。

別の先生（男性）が，時計を指さし，薄く切ったバナナとレーズンを盛ったお皿を子ども達に示しながら，「おやつの時間だよ」と元気よく告げます。何人かの子どもが彼の後について小さなテーブルのほうに行きます。他の子ども達は，おやつを知らせる呼び掛けなどなかったかのように，先生の声を無視して遊びを続けます。

1
保育場面の刺激に対する反応

　上記の保育場面を参観していた人達のなかで，何人かの反応は以下のようなものでした。

　「退屈！」と最初の参観者は言います。「私はもっといろいろなことが起こったほうがよいと思います。あまりに静かすぎて，トーンダウンしており，見ていて居眠りしそうでした。もし私があそこにいた赤ちゃんだったら，何かちょっとことを起こしていたかもしれません」と彼女はウインクしながら言います。「それに，あの音楽……」。彼女は嫌だと言わんばかりに鼻にしわをよせま

す。「あまりにも静かすぎます。ビートがきいた音楽は，その場を生き生きさせます。私はいつも音楽を流しています。それに私だったら，もっと何か活動を加えると思うし，部屋の中に色も加えると思います」。

別の参観者は，「私はあの保育が好きです」と言います。「私は，あれがまさに正しいと思いました。多くの出来事があったと思います。あれ以上のことが起これば，混乱状態になるでしょう。もし保育の中であまりにも多くのことがあったなら，子ども達は1つのことに集中できなくなります。子ども達は，興味の的を失うのです。今回観察した保育の環境設定のやり方は，よかったと思います。つまり，落ち着いた部屋の背景は子どもの注意をそらさない環境的側面をもっています。たとえば，弱い色調は，おもちゃを引き立たせています。また，おさえた音調によって，子ども達はお互いの声をはっきりと聞き取ることができるのです」。

「私は，あまりにも騒がしく，忙しい保育だと思いました」と，さらに別の観察者が感想を述べます。「私は，乳児のためにはもっと静かな環境がよいと思います。激しく興奮した叫び声や笑い声は，ある子ども達の邪魔になるし，他の子ども達のふるまいを乱暴にしています。先生は，興奮している子ども達を落ち着くようにさせるべきです」。

これらは，保育場面の刺激に対する3つの異なった反応です。ある人は，視覚，音，動きが最適量であり，それらは感覚的刺激であると感じています。一方，別の人は，それらが子ども達に浴びせられていると感じています。また別の人は，それらを退屈だと感じているのです。ある程度，この感覚的欲求の違いは個人の嗜好や生活スタイルに関係していますが，同時に，文化とも結びついているのです。

ある文化は，相互作用や気質に関して，落ち着いた，穏やかな様式を促進するよう望みます。したがって，彼らはなるべく刺激が少ない環境を好むのです。彼らは，乳児のようすがトーンダウンしていない時に，子どもを興奮させるような遊びや過剰なやり取りによって刺激を受けすぎることを心配しています。活動が大切だと考える文化もあります。一方，静けさを大切にする文化もあります。活動的な文化では，乳児の探索活動や運動を促進します。なぜなら，これらの活動は問題解決能力の発達を助けるからです。しかしながら，別の見解

もあります。多くの人は，意図的な非活動状態の概念について，これまで聞いたことがないでしょう。ところが，ある文化では，活動をしない状態であることが価値ある時間の過ごし方なのです。ラコタ式の名前をエハナマニというロス博士（Dr. A. C. Ross）は，黙想は問題解決の方法になり得ると指摘しています。活動的に環境に関わったり，論理的に答えを考え出そうとしたりする代わりに，この文化圏の人は，黙って座るのです。ロス博士の思考方法によれば，問題に対する答えは，沈黙のひと時の無意識の世界から得ることができるのです。

　3歳から5歳の子ども達がいる典型的な保育室について考えてみましょう。私達は保育室を，子ども達が自由に遊ぶことのできる特定の「コーナー」を設けたものと考えています。劇遊びコーナーでは，ある子どものグループが，「おつき合い」のための盛大な食事をつくり上げる準備をして，忙しそうにドレスやスカーフを身につけています。子ども達がドレスを着終わったら，料理づくりができるように，小麦粉粘土の大きな塊が小さなテーブルの上に置かれ，3人の子ども達はイーゼルで絵を描いています。その中の1人は，絵の具を飛び散らせながら，腕を大きく激しく動かしています。2人めの子どもは，絵の微細な部分に没頭しています。3人めの子どもは，先生が彼女の名前を書いた画用紙の隅の所まで，紙面を全部絵の具で塗りつぶしています。仲間の絵の具のしぶきが絵に飛んで来たと，細かい部分を描いていた子どもが文句を言います。先生は，ちらっとそちらを見ますが，すぐには泣いている子どもに注意を向けません。そのため，子ども達はそれぞれ絵を描き続けています。1人の子どもが，パズルがいっぱい乗っているテーブルのそばに立っています。彼は手にパズルのピースを1つ持って，途方にくれているように見えます。手に持っているピースをパズルのいろいろな所に置いてみますが，まったくうまくいきません。彼のそばでは，3人の子どもがクッションにもたれ，うず高く積まれた本の山から本を取って，読んでいます。彼らの後ろにある棚には，その他の本も飾られています。先生がひざの上に1人の男の子を抱いて，本を読んで聞かせています。彼女は本を読むのをやめ，腕時計を見て，「10時5分前ですから，もうすぐおやつの時間ですよ」と保育室全体に知らせます。部屋の向こう側の隅では，たくさんの騒音をたてながら，男の子と女の子が積み木と家畜の

おもちゃで遊んでいます。そのそばには，小さなプラスチック製の組み立て玩具（ブロック）が置いてあるテーブルがあります。2人の男の子は，先生が彼らの所にやって来るまで，そのブロックで武器をつくって遊んでいます。先生が歩いて来る間に，彼らはすばやく武器づくりから「マシーン」づくりに遊びを変えます。先生はテープレコーダーにテープをセットし，音楽に調子を合わせながら歩いて行って，楽器が入っている箱を戸棚から取り出します。直ちに4人の子どもが彼のそばに寄って来て，自分の好みの楽器を欲しがります。2人の子どもが同じタンバリンを取り合って争い，お互いに叫び合いますが，彼らの興奮が高まってきた時に，先生は彼らと話します。先生は子ども達にどうすればよいのかを話すのではありません。彼は子ども達が自分達でその問題を解決するよう助けるのです。

　ドアのすぐ外に置いてあるウォーターテーブル〔訳者注：水の入った箱にテーブルのように足がついたもの〕の所では，子ども達のグループが容器で水を汲んで流したり，泡立て器で水をたたいたりすることに夢中になっています。先生が液状のせっけんを加えると，泡立て器によって泡ができます。1人の小さな女の子が喜んでかん高い声をあげます。そのちょうど向こう側には滑り台があって，そこでは男の子と女の子が，滑り台から滑り降りずに滑り台を駆け登るコンテストを行なっています。彼らは先生に，誰かが滑り台で滑りたいと言い出すまで，そのような遊びをしてもよいと言われています。誰かが滑りたがった時には，滑り台を駆け登る遊びをやめなければなりませんし，他の子ども達もみなそのようにします。そうしないと，誰かが怪我をするでしょう。園庭では3人の子ども達が，わあわあ叫び声をあげながら三輪車で競争して走り回っています。4人の子ども達は，砂を掘りながら大声で話しています。3人の先生が園庭に出て，別々の所で子ども達を監督しています。彼らはほとんど立っていて，園庭を注意深く見守っています。しばしば，子どもと話すためにその都度身をかがめたり，しゃがみ込んだりします。

　上述の場面を見ていた観察者達は，次のように述べています。

　「私はもっとおもちゃを少なくすべきだと思います。子ども達には，あまりにもすることが多すぎ，選択肢が多すぎます。世の中はこんな風ではありません。子ども達は，すべての選択肢を示されるのではなく，そこにあるものに適

応し，順応することを学ぶ必要があります。私達は，自分が望む助けは何でも得られるかのようにふるまうのではなく，与えられた条件でやっていくことを学ぶ必要があるのです」

「もっと子ども達に教えるべきです。この先生達は何もしていなかったではありませんか！　私は，保育目標をもって，大人がその目標のもとに子ども達と関わったらよいと思います」

「あれは，みせかけの世界です。なぜ，保育室を，すべてのものごとの中心が子ども達にあるような場所にするのですか？　子ども達は，現実世界の中で，現実的なことをしている大人の後をついて行く時に，より多くを学ぶと思います。子ども達は，彼らに仕えるためのロボットのような大人がいる部屋の中に閉じ込められるのではなく，大人の生活の一部として過ごすべきです。そうすれば，幼い時から人を助けることを学ぶことができるのではないでしょうか」

「もっと会話が必要だと思います。先生はあまりにも話しをしなさすぎます」

「私は，先生があまりに話しかけすぎると思いました。大人は，子ども達が経験する葛藤について，ただ話すのではなく，むしろそれをどのように処理するかを子ども達に示すことができると思うのです。私はあの女性の先生がそのことについて，うんざりするくらい話していたと思います」

「先生どうしがお互いにもっと話すほうがよいと思います。そうすれば，そこから子ども達が学ぶでしょう。つまり，大人の会話をそばで聞くことによって子ども達は学びます」

「なぜ，先生は子どもを抱かなかったのですか？　私には子ども達がみんな淋しそうに見えました」

「なぜ，先生はパズルと格闘していた子どもにパズルのやり方を教えたり，滑り台で遊んでいた子ども達に正しい滑り方を教えたりしなかったのですか？」

「先生はおやつの時間を確認するために腕時計を見ていましたが，時計を見ておやつの時間を決めるよりも，どうして，子ども達のお腹のすき具合によって決めないのですか？」

「私は環境が非常に効果的に構成されていて，子ども達が遊んでいる間，先生が自由に子ども達と関われるようになっているという，あのやり方が好まし

いと思います」

「私は，先生が何もしないで子ども達のまわりにただ座っているのは好ましいとは思いません。先生は料理をしたり，掃除をしたり，壊れたおもちゃを直したり，何かしていたほうがよかったのにと思います。もし，先生達がもっと何かをしたなら，子ども達は大人が仕事をするのを見ることによって学ぶことができるのではないかと思います」

「いわゆる『教育的遊び』があまりにも多かったと思います。私は子ども達が度を越すほどものごとに没頭するほうが好ましいと思います。私は子ども達を陽気にはしゃぐようにさせたり，ナンセンスなことに巻き込んだりすることが好きです。子ども達はこのようなことをすべきなのです。たとえば，積み木をひっくり返しながら，叫びながら走り回ったりすること，これこそ幼児期にすることではないでしょうか。「ring-around-the-rosy」〔訳者注：円形に並んで歌を歌い踊りながら進み，あらかじめ決めた合図に従ってすばやくしゃがむ遊戯〕のようなよい遊びは，時どき子ども達から子どもらしさを引き出します」

これらの意見は，遊び場面での幼児にとって，何がよいことなのかについてのさまざまな価値判断を反映していると言えるでしょう。

2
観察者の意見から見えてくる保育の課題

人間志向と物志向

標準的な保育実践は物理的環境の重要性を強調しています。乳幼児のための保育プログラムを立案する人は誰でも，利用できるおもちゃや設備のたくさんのリストを目にすることでしょう（これらは，しばしばおもちゃや設備の製造業者によって出版されています）。保育に関する書籍や記事は，大人にとって役立ちます。またこれらには，子どもにとって探索活動のための最適な挑戦ができ，すべてが安全で，発達上適切な環境設定の方法について書かれています。もし，これらの本や記事の著者に，学習にとって物がいかに重要であるかを尋ねるなら，子ども達が使える，発達に適した多くの「物」があることがどれほど大切かについて，長くて情熱的な答えが返ってくることでしょう。

もし，『3つの文化の子ども達』(Preschool in Three Cultures) に関連する

研究ビデオを見るなら，日本や中国の保育と比べて，アメリカでは，おもちゃや設備が豊かであることに圧倒されるでしょう。見方によって，日本や中国の保育室はがらんとしていると思ったり，アメリカの保育室はぎっしり物が詰め込まれていると感じたりするのではないでしょうか。見方がどうであれ，たしかに環境の違いに気づくはずです。

　消費社会の一員として，私達は物の恩恵に浴することが重要であるというメッセージを日ごろから耳にしています。これらのメッセージと物に対する文化的価値観を結びつけるなら，子ども達は物を志向するトレーニングを2倍量受けることになります。これらのメッセージは乳幼児の生活にさえ影響を及ぼすのです。

　ある文化では子ども達を物志向というよりも人間志向へと導きます。このような文化の人々は，物的世界よりもむしろ社会的な世界に焦点をあてているのです。

　ヤングは，アフリカ系アメリカ人の家族が，子ども達に人からの暗示や合図に注意を払うよう教えることを見出しました。彼らは，子ども達と関わることによって，物よりも人に注意を向けることを大切にしていました。子どもと関わる時には，権威のある人々の顔色を読むよう教えていました。また，特に3歳までの子どもの身体には頻繁にふれていました。

　ふつう，赤ちゃんが自分から何かをつまみ上げて物に注意を向けた時，それは赤ちゃんに与えられません。この時赤ちゃんはしばしば，彼らを抱いている人の顔を見るようにしつけられていました。赤ちゃんはよく抱かれているので，子育ての方法において，ボディコンタクトは特にめだっていました。ヤングは，この子育て法が，子ども達の興味を物の世界から離れさせ，人々に向け直させる傾向にあると考えています。

　ヤングの見解を読んでから，私は，子ども達の注意を物よりも社会的なことに向けさせていることに人々が気づいているかどうかに興味をもちました。そこで私は，移民にも，アメリカで生まれたアメリカ人にも，さまざまな文化的背景をもつ多くの人々に，子どもがおもちゃや物で遊ぶことの重要性についてどのように考えているかを尋ね歩きました。それらの人々には，幼児の生活環境の中でおもちゃや他の物が重要であるという考え方がよく見られました。し

かし，彼らの信念と彼らの行動とは時どき矛盾しています。私は，幼児用おもちゃに関する人々のこの態度は，保育関係者相手の販売業者や商業界の人々が，「教育的おもちゃ」は子どもの認知発達に影響を与えるという考えを信奉させたことを示していると思うのです。私は，おもちゃの重要性を主張する人々の中に，赤ちゃんに「教育目的」のために買ったおもちゃを押しつけるよりも，人との接触を大切にしているように見える人々がいることに気づいています。

選 択

保育環境になぜこのようにあらゆる「物」を置いておくのでしょうか。それは多くの人々が，遊びのためには，子どもが自分で選択できる十分な物が必要だと信じているからです。このように自己選択の機会を増やすことによって，子どもは自分でものごとを決定する経験ができます。このことは，個人はみずから自分の生活に関して影響力をもっており，子どもは幼い時から選択することを学ぶ必要があるという認識に基づいています。この考えを実践するためには，選択，自己決定，独立独行，自立の自由に関する保育目標をもつことが必要です。要は子ども達にいくつかの選択肢から選ぶ機会を与えることです。すなわち，大人の手中にある選択肢から，どれを，どれだけ選ぶかという決定なのです。そこには，「子ども達は自分自身の選択とその結果とを関係づけることを学び，巧みにものごとを決定することができる人となる」という理論があります。

すべての大人が，子ども達に選択の機会を与えることに賛成ではありません。彼らは，子ども時代のおもな仕事は，子どものために設けられた，たくさんの選択肢から選ぶということよりも，状況に慣れることを学ぶこと，つまり，大人の環境の中で子どもが見つけ出したことをみずから利用することだと考えています。これらの人々は，子ども志向の価値観，大人の現実世界から隔離された発達上適切な環境というものに疑問をもっています。ジャヤンテイ　ミストリー（J. Mistry）によれば，

> いくつかの文化社会では，子ども達は大人が自分の仕事をしたり，家事をしたりしている時，ただ単にそこにいることによって学ぶのです。大人は子ども達に

教えるための学習環境をつくり出しはしません。それどころか子ども達には，文化的に重要だと考えられている行動を学んだり，1日の流れのなかで大人を観察したり，そばにいることによって反復練習したりする責任があるのです。

大人が使う道具や家庭用品の縮小版（ティーセット，ミニチュアの冷蔵庫，子どもサイズの大工道具，小さな庭仕事用具など）を用いて子ども達のための特別な環境を設定することと，子ども達が，本物の道具や家庭用品を見たり，使ったりするために，大人の環境の一部としてそこにいることとの間には明らかな違いがあります。

ハス（F. Hsu）は，この見解をふだんの生活から大人のリクリエーションや特別な機会にまで拡大して次のように述べています。「アメリカ人は子どもを大人の現実世界から遠ざけています。一方中国人は，すべての機会に子ども達をともなっています」。さらに彼は，アメリカで見た，大人がアシスタントか召し使いのような役割をしている子ども中心の誕生パーティーと，結婚式や葬儀のような大人の行事として行なわれる子どもの誕生パーティーとを対比しています。ハスの見解では，子ども中心のものは何でも，子どもを「大人の現実世界」から隔離しています。彼は「大人の現実世界」を学習のために価値ある環境だと考えています。

マルタ　ボーボン　イーリング（M. B. Ehling）は，メキシコ系アメリカ人に関して，よく似たことを述べています。「子ども達はふつう彼らの親が行く所へどこにでも行きます。彼らはパーティーにも結婚式にもお葬式にも，そして教会にも行くのです」。

先生の役割

子ども中心の環境と大人中心の環境とでは，先生の役割が異なります。発達上適切な環境では，先生は教える人というよりも学習のファシリテーター〔訳

者注：学習者がみずから考え，まなび，決定し，行動することを促進する人〕としてしばしば存在します。環境設定をした後，先生は中心舞台から退きます。彼らの役割は，子どもの自発的な探索活動を促進するような援助をすることです。先生には劇遊びを発展させたり，必要とされる小道具や材料を提供したりするような，まさかの時の供給源としての役割もあるでしょう。先生は子どもに取って代わって行動したり，命令したりすることを差し控えています。そこには子どもが自己発見すべきであるという理念があります。先生はおそらく，子どもが選んだ状況に対して，きちんと質問したり言葉をかけたりしていると思います。しかし言葉を用いて，あるいはモデリングを通して行なう直接的指導はふつう，自己発見という方法を強調することにはなりません。自由遊びは自由な遊びです。先生は自分の役割のなかの目的を強く意識する側面を出さないようにして，他の何よりも子どもに応答する者としてそこにいます。子どもの遊びにおける先生の役割は，子ども中心の環境であっても，1つの連続性をもっています。一方で，先生は誰よりも観察者であり，また他方では，最も子どもと関わっているのです。すなわち，遊びに参加し，導き，質問し，提言し，そして指示するといった関わりをします。保育プログラムの中には，先生が子どもの遊びからアイディアを得て，カリキュラムをつくり出しているものもあります。これは，ベテイ　ジョーンズとジョン　ニモ（B. Jones & J. Nimmo）が「イマージェント・カリキュラム」と言っているものです。言い換えるなら，保育計画の中のいくつかの内容（活動やプロジェクトを含む）は，大人中心のカリキュラムというよりも，むしろ子どもから出て来たものであるということです。

　このやり方は，手ほどきをしたり，教えたり，指示したりすることを重要と考える先生の関わり方とは対比的です。親の中には先生が保育中に起きることのすべてを管理することを好む人々もいます。親は彼ら自身の幼いころの経験から学校教育（保育）のあり方を理解しているので，自分がなじんでいる管理的なやり方のほうにより満足するわけです。先生が前面に出ない自由遊びの状況は，おそらく親を不安にさせているでしょう。また，この状況は，あまりにも子ども中心的で，ある親達の目には，あまりにも混沌としていると映るかもしれません。この問題について親の感想や考えはどのようなものでしょうか。

彼らと話し合うことが必要です。

　親が子ども達にとって理想的だと感じていることと保育内容がぴったり合致する必要がないのなら，親がそのことを子どもにとってよくないと思わない限り，また子ども達が敵対的に反応しない限り，子ども達を慣れない環境においてもよいのです。

　これはギブ　アンド　テイクのプロセスです。ミストリーは，「先生が子どもを尊重し，子どもに合わせるなら，その子どもは先生と先生がつくり出した保育環境に適応することができるようになる」と述べています。親についても同じことが言えるでしょう。

　子ども達は良き学習者であり，大部分の子ども達は，先生が彼らの生活に影響を与えていることを自分の中に組み入れる柔軟性を十分もっています。重要なことは，もし保育で行なうことと子ども達の家庭での経験が異なっていたなら，そのことは子どもの生活をより豊かにしていると考えることです。**子ども達は，二文化併用になってよいのです。彼らの家庭の文化を子ども達から取り去ることがよくないのです。**

言語的コミュニケーションと非言語的コミュニケーション

　2人あるいはそれ以上の子どもがいっしょに遊ぶと，喧嘩が起こるでしょう。子ども達の間のいざこざを大人がいかに処理するかを見るのは興味深いことです。ある先生は言葉に頼ります。すなわち，ものごとを文字にして表わしたり，テーブルの上にカードを出したりします。たくさんの言葉を用いて，子ども達がそうすることを学ぶように期待します。そのことはまた，いわゆる「状況を推察することに重きを置かない文化」の特徴でもあるのです。カナダやアメリカの主流文化は状況推察が重要であるとは考えない文化です。中国のような状況推察に重きを置く文化では，言葉に頼ることはむしろ少なく，前後関係を理解するための他のメッセージに頼っています。お互いの状況を推察することのできる2人の人間は，最低限の言葉で相手の意味することがわかる双児のように，言葉以外の何らかの方法でコミュニケーションをとることができます。

　子どもに言葉を使うようううながすか，うながさないかということは，赤ちゃんの世話とともに始まります。多くの時間抱かれて，あちこち移動している赤

ちゃんは，非言語的にメッセージを送ることが得意になります。たとえば，身体の位置を変えたり，筋肉を緊張させたり，ゆるめたりするようなことです。世話をしてくれる人が自分の送ったメッセージを受け取ってくれると，赤ちゃんはこの方法でコミュニケーションをとるようになります。したがって，幼い時には言葉に頼る必要はないのです。世話をしてくれる人と物理的に離れている赤ちゃんは，言語的コミュニケーションの有用性を学びます。赤ちゃんは，保育中に床に寝かされていたり，家の中で世話をしてくれる人とは別の部屋にいたりする場合，他の人の注意を引くために自分の声を使うことを学ぶ必要があります。身体の位置を変えたり，筋肉を緊張させたりしても，離れたところにいる大人には気づかれません（家にいる赤ちゃんは，沈黙もまた他人の注意を引くということを学びます。なぜなら，親が「まあ，まあ，とっても静かにしていたのね。どうしているのかと思ったわ」などと言うからです）。

　言語的コミュニケーションを重要と考える大人は，赤ちゃんに言葉を使って遊ぶよううながします。前述の保育場面に出て来た「かわりばんこのやりとり」は，大人と子どもが言葉で遊んでいる1つの例です。言語的コミュニケーションを重要視している人々は，赤ちゃんは，生後間もなくから始まる大人との面と向かった「会話」を通して学ぶと信じています。これは，言葉を学ぶための別の方法とは対比的です。その別の方法とは（大人の会話には入らないけれどもそばにいて），「人の話を盗み聞きする」方法です。

　言語的コミュニケーションを志向する大人は，子どもの言うことに注意するため多くの時を費やします。また，説明したり，解釈したりすることによって反応しています。彼らはしばしば，子どもが言っていることを発展させたり，子ども達との会話を続けたりします。このようにしている間に，大人は話し方を誇示したり，直したりしないで，子ども達の言語的コミュニケーションのモデルになっているのです。

　言語的コミュニケーションを志向する大人は，言語発達が認知発達と大いに関連しているとみなして，言葉を非常に重要視します。また，言葉を社会・情緒的発達に欠かせない決定的なものと考えます。彼らは子ども達に，問題解決のために言葉を用いることや感情を言葉で表現することを教えます。保育中，数多く見られる葛藤場面では，「自分の言葉で言ってごらんなさい！」などと

大人が子どもに言うことを予想できるでしょう。言葉は創造性とも関係しています。たとえば、描き終わったばかりの絵を子どもに見せられた時、言語的コミュニケーションを志向する大人は、よちよち歩きの子どもにさえ、「何の絵なの？　お話ししてちょうだい」と言いがちです。

　子どもが、まわりにいる大人から頻繁に直接的に話しかけられない状況のなかで学ぶことを期待されているようなやり方と、このやり方とは、非常に異なっています。ミストリーによれば、非言語的な関わり方をする大人は、「子ども達が見ている時にモデルとなったり、特定の行動を示したりするようです。…（中略）…非言語的なやり方は、世話をする人の適切な行動を見て、それらを自分のものにすることを子ども達に教えます」。

●◆● 3 ●◆●
異文化との出会いからくる不安を取り除く

　本章の大部分は従来「発達上適切な」実践とよばれてきたものと他の実践とを比較することに焦点をあてました。

　幼児に最も効果的にはたらきかける方法を学んだ後で（それらのすべては文化的な基盤をもっているわけですが）、私達はある標準をもつようになります。その標準に合わない人に出会った時に、私達は彼らに私達のようであることを期待しているので、がっかりするのです。たとえば、ある親が自分の赤ちゃんに無頓着であったり、4歳児に大人の環境下で行動することを望んだりするのを見た時、ある反応が誘発されるでしょう。私達のほとんどは、乳児期から、すべての人々が自分達のようであると考えるように条件づけられています。適切な行動方法について異なった考えをもった2人の人間が出会った時、さまざまなことが起こる可能性があります。

　彼らは2人とも、1つの、あるいは一連の不快な状況に遭遇することになります。彼らは、その不快に対して自己防衛的になるか引き下がるか、いずれかの反応を示します。このことは回避のパターンになります。つまり、2人はお互いについて、ますます知ることができなくなるのです。このようなことはすべて、どちらか一方が相手を意識することで起こります。

　『多様な文化に関わる秘訣』（*The Art of Crossing Cultures*）の中で、クラ

イグ　ストーティ（C. Storti）は，その回避のパターンを変える1つのモデルを提案しています。人は自分自身の行動とは異なる行動に対する自分の反応に最初に気づき始めることによって，その回避パターンを変えなければなりません。異文化との出会いのなかで感じる感情に焦点をあて，それらを認識することが大切なのです。ストーティによれば，心は一度に相反する2つのことを受け入れることはできないので，これらの感情を感じている理由についてよく考えてみる必要があります。その気づきに焦点をあてる時，人はその感情を払いのけてしまいます。

　その感情がおさまった時にだけ，人は真に何が起きているかがわかるのです。反応すればするほど，見たり，聞いたりすることができなくなります。すべてのことは，その反応の影響を受けるのです。反応することをやめるまで，真に何かを経験して知ることはできません。

　反応への気づきは簡単ではありません。私達は一生を通して，感情を客観視することではなく，感情をもつように条件づけられています。すぐ気づくようになることがむずかしいと思ったなら，過去をふり返って，その気づきについて考えることから始めるとよいでしょう。動揺したり興奮したりした瞬間について過去をふり返り，そのことについてよく考えてみてください。十分に練習すれば，やがて，その感情を引き起こした決定的な出来事に似た，気づきのプロセスにたどり着くでしょう。

　大切なことは，ある一定の行動に対する最初の反応が，続いて起こる反応に影響を与えることです。怒りをおさめる「10数える」方法は，異文化間のやりとりにも役立ちます。自分自身に時間を与えることです。そのことは言い換えれば，相手にも時間を与えるということなのです。論争をよぶ問題について，全員がそれぞれの最初の反応についてじっくり考えることができるまで話すのをやめることは，しばしば最善の方法です。

　私は，ブランコに乗っている子どもを押すかどうかについての意義深い論争を思い出します。園のスタッフの意見は分かれました。職務に関係なく，ブランコを押さなくてよいとする側の代弁者が，子ども達は自分達でブランコに乗ることを学ぶ必要があると主張しました。彼女は，子ども達がブランコに乗ることができないうちは，ブランコを使用する年齢に達していないと主張したの

です。彼女は，子ども達がブランコに腹ばいになって乗ることや，足を使って前後にブランコを動かすことには賛成でした。彼女のその反応は，ブランコを正しいやり方で使うことに強い思いをもっていた，別の立場の人々からの反応を引き出しました。「ブランコは座って乗るものです！」と彼らは主張しました。論争がエスカレートするにつれ，即時に反応することは，一方が他方の意見に耳を傾けることの助けにならないないことが明らかになりました。両方のグループとも，その後の会合で話し合いを再び続けることに合意しました。熱気を冷ます期間が助けとなったのです。次の機会に，その問題は話し合われ，どちらの側もお互いの意見を前回より感受性を豊かにして聞くことができました。もし自分自身の反応から一歩退くことができるなら，人は，自分とは異なる人の行動を理解し，尊重し始めることができるでしょう。人はけっしてその行動を称賛するようにはならないかもしれません。このことは，言い換えるなら，結局，自分自身の文化の中にあるすべてのものをも称賛しないということなのです。しかし，自分自身をより開くことを学ぶなら，視野を広げ，自分とは異なる人とうまくやっていく，よりよい機会を得ることになるのです。最も心にとめておくべきことは，**権力のある立場になると，人は他人を制するやり方で自分自身を制することはほとんどしないだろう**ということです。

4
まとめ

　大人が子どもの遊びを重要だとみなし，どのように計画して，それを促進しようとも，そのことは，おそらく文化によって決定されます。文化の違いによる意見の不一致は，しばしば，人間志向か物志向か，あるいは，子どもに選択の機会を与えることや，子どもの遊びへの大人の介入，そしてコミュニケーションの言語的手段などを強調するかしないかといったテーマが中心となっています。

　先生は，遊びを重用視するかしないかによって，また，選んだ環境によって，そして，子どもに言葉をかけるその方法によって，子どもが遊んでいる間の学習に影響を与えます。また，子どもにおもちゃや設備や教材を与えるか否かによって，そして彼らが与える物の種類によって，子どもに影響を与えているの

です。

　ある人々は，子どもは注意深く設定された環境の中の中心的存在であるべきだと考えています。また，別の人々は，子どもはスポットライトの外にいるべきであり，大人世界の傍観者であるべきだと考えています。さらに別の人々は，子どもの役割は大人を観察するだけではだめだと考えています。彼らは，大人世界で大人を助けたり，その世界に巻き込まれたりすることによって，子どもは学習することができると考えているのです。

　ある人々は，子どもはおもちゃや不用になって捨てられた家庭用品（たとえばマーガリンの容器など）でのみ遊ぶべきだと考えています。つまり，遊ぶ物は特別に彼らのために指定された物なのです。もし，子どもが大人の道具を手にしたなら，大人はそれを子どもの手から取り上げるのではないかと思われます。そして「これは，おもちゃではありませんよ！」と告げるでしょう。これらの人々は，子どもの安全のために責任をもって，子どもにも危険のない環境を提供しようとしています。

　また，別の人々は，子どもを大人の環境の一部にして，大人の道具を使わせたり，安全なことと危険なことについて学ばせたりしています。これらの人々は子どもにおもちゃを与えたり，与えなかったりしているようです。

　これらは非常に異なったやり方であり，ある志向の人々が別の志向の人々とぶつかる時に起こりうる摩擦なのです。

　当然，私達はそれぞれに，自文化や自分の価値観が正しいと考えています。もしこのような態度のまま指導的立場にいて，異文化に接する時，自分の仕事を治療教育とみなさないようにすることが重要な課題です。

　保育の目的は，幼児とともに行なうすべての物事の中にあるということについて，真剣に考えてみてください。認知的，精神運動的，情緒的目標を概念化することに慣れているかもしれませんが，そのことを超えて，自分が子ども達に送っている文化的メッセージについて考えてみてほしいのです。自分の文化を伝えることにこだわることをやめ，文化的な違いに敏感になれるかどうかが重要なのです。

　子どもが援助を求めた時，どのように反応するかを自問してください。子どもにとって代わってものごとを行ないますか，あるいは子ども自身の問題解決

のプロセスを促進しますか？　言葉で反応しますか，あるいは非言語的な反応を示しますか？　自文化の保育目標や価値観に関連した反応の仕方はどのようなものですか？

　心を開き，謙虚でいましょう。たとえどれほど知識があっても，学ぶことは常にそれ以上あるのですから。

7章　社会化と指導としつけ

　私達は，一定のやり方で，自分自身と世の中，そして自分の役割について社会化されています。また，自分自身が社会化された方法にならって，子ども達を社会化します。私は一個人であると教えられました。文字通り，また比喩的にも，自分の足で立つように育てられました。私は他人とは別の異なった存在として自分自身をとらえています。

　一個人として，この世で自分のための居場所をつくることは，私にまかされています。私は自分が特別な存在であると教えられ，自分自身の特異性を示すよう奨励されてきました。同じように，私は自分の保育プログラムの中で関わったそれぞれの子どもを特別な存在であると感じています。

　現在私は，すべての文化が個性の重要性を強調してはいないことを知っています。ある文化では，強い相互関連性のために個人を尊重していません。「相互関連性」に関する本を読んでもなお，個人は，クモの巣状に張りめぐらされ

た愛着関係に巻き込まれている個々の人間であると私は考えました。しかし，このことはある人々の間では違うのです。彼らは，全体の中に個々の個人によってではなく，部分によってつくられる調和があるととらえているのです。この考え方は，世の中や一般の人々を認識するうえで，私には非常に特異な見方に思えます。私はようやくこの考え方を理解し始めています。

集団の中でめだつ考えは，人々を全体の一部とみなす人達にとって望ましいものではありません。これらの人々は，独立した個性や，個性をこれ見よがしに誇示することに対して眉をひそめます。このことが保育環境の中でどのように行動に表わされているかを見てみましょう。

あなたは，保育プログラムを担当する先生です。あなたと同じ文化をもつスタッフは他にはいませんが，子どもを預けている家庭の半分以上があなたと同じ文化的背景をもっています。

あなたはある日，自尊心に関する研修を受けている時に，全スタッフに対抗している自分に気づきます。研修会の講師は，「個人の独自性をめだたせるように努めなさい」という言葉を一度ならず何度も用います。気がつくとあなたは，突然席から立ち上がって，そこにいる人々に熱心に主張しています。「私は子ども達が独自性のある個人であるという話を聞くことに飽き飽きしています。私はおのおのの子ども達がめだつべきだとは思いません」とあなたは言います。

他のスタッフは，あなたがこのように大胆に自分の意見を表明したことに驚き，座ったままふり返ってあなたを見つめます。あなたは突然着席して目を伏せます。

他の人々といっしょにあなたを見つめていた講師が，「続けてください。あなたの言いたいことを話してくださいませんか」と静かに言います。

あなたはためらいながら，「ええ，私の家族の中では，子ども達に彼らがまったく1人で，特別な，独自性のある存在だというようなことを，言ってはいません。私達は子ども達に，彼らが家族のメンバーの1人，すなわち私達の仲間の1人であると話しています。もちろん，子ども達は特別な存在ですが，その独自性は，彼らを社会に適合させはしても，めだたせはしません。子ども達一人ひとりは，自分のためではなく，私達すべてに貢献するものを何かもっているのです」。

「わかりました。あなたはこのことについて強い思いをもっているのですね」

と講師はあなたの思いがどこにあるか，あなたがわかるようにしながら，話を続けるよううながします。

　あなたは「たしかにそうです」と言っている自分に気づきます。「この講習会では，一個人として独立することによってアイデンティティを発見することがよいことだというメッセージを絶えず私達にたたき込もうとしています。服についている名札だとか，これが誰の持ち物であるかといったことに大騒ぎをしていること，そのことに私はうんざりしているのです。あなた達は，子ども達に個人の所有物の重要性，すなわち所有権について教えています。私は共有することのほうがもっと大切だと思うのです。そうでなければ，子ども達は利己的に育ち，自分の持ち物にあまりにも愛着をもちすぎるようになります。そして結果的に，彼らがまさにそうであるように，特別で独自性のある者として自分自身をとらえるようになるでしょう。しかしそれは，子ども達を卓越した存在にしようとすることとはまったくかけ離れています」。

　あなたは自分が話し終えたと思ったのですが，講師が，あなたと議論しようとしているスタッフを静かにさせて，再びあなたのほうを向き，「その他に考えていらっしゃることはありませんか？」と言います。

　あなたは，突然また別の言葉がほとばしり出て来て，まだ話し終えていないことに気づきます。そして講師に向かって次のように言います。「私達は子どもがちょっと何かを成し遂げるたびに，いちいち彼らをほめるようにと言われていますが，そのやり方が嫌いです。このようなやり方は，子ども達の個人主義にスポットライトをあてるようなものです。私個人は，スポットライトを浴びることが大嫌いです」。あなたは今起きていることについて，どんなに居心地が悪い思いをしているかということに気づき，急に黙りこみます。今あなたは，まさにあなたが批判してきた独自性のある個人のように，スポットライトを浴びているばかりでなく，あなたの私見を述べてもいるのですから。このようなことを自分のために言っているのではないということに気づくまで，あなたは自分自身の考えが分裂しているような思いになります。あなたは，保育所の子ども達の親のために言っているのです。すなわち，彼らの子ども達が経験している文化の違いについて知らない親達や，そのことを知ってはいても，保育の「専門家」に質問することを気まずく思っている親達のために，あなたは代弁したのです。

「誇りというものをよいことだとは思わないのですか？」。講師が他の人々に求めていた静寂を破って1人のスタッフがあなたに質問します。

考えることなく，あなたは再び以前の状態に戻り，「もちろん誇りはよいことだと思っています。でも私が言っているのは個人的誇りのことではありません。〈自分はすばらしい，どんなにすばらしくて特別な存在であるか，私を見て，注目して！〉と言わんばかりに，歩きまわっている子どもを見るのは耐えられません」と答えます。

「誇りについてのあなたの考えをもっと話してください」と講師が強くうながします。

「そうですね。私達は，子ども達がその集団のメンバーであることに誇りをもつよう援助し，お互いのことを気にかける時にほめるべきだと思います。子ども達がお互いに助け合うように，私達にできることが今よりもっとたくさんあるのではないでしょうか。私達はみな，子ども達を独自性のある個人にすることに熱心すぎて，そのために子ども達はとてつもなく利己的になっていっています」

あなたが口を挟めるようにと講師がそこにいる人々に求めていた沈黙を再び破って，保育所長が「なぜあなたは，このことについて今まで何も言わなかったのですか？」と尋ねます。

「別の時に一度言いましたが，その時は私が間違っていると言われました。ここはアメリカであり，ここに住む人々はアメリカ人のように考え行動すべきだ，つまりすべてが郷に入れば郷に従えということなのです。私はあまりに腹が立って答えることさえできませんでした。私はアメリカ人です。私の家族のうちの何人かは，ずっと以前からここに住んでいました。英語を話す人々がこの国にやって来る以前からです。家族の他の人々は，もう少し後になってからやって来ましたが，いずれにしても，アメリカにいるほとんどの人々がどこか別の所からやって来ているわけです。その人々がどうして私よりアメリカ人らしいと言えるのでしょうか？」

ひとたび堰を切ると，感情の流れはかなり長い間渦巻いていました。結局，神経を使って行なわれた多くの話し合いが，人々の感情やものの見方をオープンにしたのでした。スタッフ会議では，以前よりも広範で多様な多くの意見が表明されるようになりました。結果として，大部分のスタッフが，より広い見

解を得たのです。事例にあげた保育所では，スタッフが文化的，個人的差異に対して以前より敏感になって，働き続けています。スタッフが意見の不一致を認めるところまで辿りつくためには，多くの論争やむずかしい感情の克服を要したのでした。ある人が別の人と意見が異なっていても，そのことは一方が正しくて，他方が間違っているということではなく，ただ単に異なった見解をもっているのだということを，ほとんどの人々が最終的に信じるようになったのです。

1
社会化の過程

　子どもが他人とうまくやっていくことを学ぶ社会化の過程は，誕生と同時に始まります。この社会化の過程を通して，子どもは自分のまわりにいる人々との関係，そしてついには，より広い社会との関係の中で自分自身をとらえるようになります。子どもの親が考える子どもの社会化の目標は，彼らの文化や（個人的，家庭的，文化的）価値体系によります。保育プログラムの目標は，個々の親の目標と調和しているかもしれないし，していないかもしれません。本章では，社会化に関する保育所と親の目標，およびその背後にある価値観がどこで衝突するのか，また，起こった衝突について何をすればよいのかを検討します。

2
衝突の例

　前述の事例は，個人としての人間の概念を扱っています。ヨーロッパ系白人であるカナダ人やアメリカ人の文化では，子どもは自分を他の人間とはまったく別の独特な存在であると認識するよう育てられなければならないと考え，誕生と同時に，子どもをそのような存在とみなします。子どもは誕生の瞬間から，アイデンティティおよび数々の権利，欲求をもっていると認識されています。子ども自身は独立した個人であるという概念をもって生まれてはこないので，生後間もない時期の目標は，自分と世界は1つであるという子どもの思いを打ち砕くことにあります。

個人の権利の1つは，プライバシーの権利です（これは欲求ともよばれます）。プライバシーの権利は，「個人主義的な」文化の成員にとって大きな問題です。子どもの親は，自分のプライバシーのために手数をかけます。彼らは，プライバシーは重要だというメッセージを送って，このことを乳児にも伝えます。アメリカの典型的保育で問題点と考えられていることの1つは，乳児やよちよち歩きの子ども達にプライバシーが保障されていないことです。このように考えられる背景には，子どもの数の問題や，すべての子どもが注意深い監督のもとにあることが必要とされているということがあります。施設によっては部屋の隅に，保育中，時どき子ども達が「身を隠す所」をつくっています。

　また，保育所で子ども達が使うものは，子ども個人ではなく保育プログラムに属しているので，子どもを所有物とともに個人として見直すようになってきている保育の中では，子どもに関する心配事もかなりあります

　すべての文化が「個人主義的」ではありません。実際，いくつかの文化では，「自己」を他の人から離れて独立したものとは考えません。最も小さな単位は集団で，彼ら自身の中では，個人は全体というよりはむしろその一部なのです。

　このような文化の中の子ども達は，自分を自分自身と考えるよりも，より大きな何かの一部と考えるように教えられます。すなわち，自分は彼らの家族や同じ文化の人々の一部であると考えるように教えられるわけです。

　もちろん，一個人としての自立と，集団の成員として働く能力は相互に相容れないものではありません。つまり，すべての文化はこの両方に依存しているのです。しかし，ある文化では，前者がより重要と考えられており，また別の文化では，後者のほうが重用視されています。

　これら2つのシステム，すなわち，個人志向システムと集団志向システムは，お互いに衝突し，火花が散る可能性があります。見解，信念，概念，価値観等に関する論争のなかで，自分自身の存在に目覚めた人々は，「私はあなたが間違っているとは言っていません。私はただ，あなたの意見に賛成ではないと言っているだけです」という言葉が最も重要な言葉の1つだということを学んでいるのです。

3 その他の衝突

持ち物について

　個人を重用視している文化の中では，ちょうど赤ちゃんが他人と自分とを区別することを学ばなければならないように，よちよち歩きの子どもは，自分のものと他人のものを区別しなければなりません。よちよち歩きの時期の主要課題の1つは，私的所有物についての考えを学ぶことです。

　私的所有物に関しては異なった考え方をする文化もあります。フランシスハス（F. Hsu）は，中国文化について次のように述べています。

> 　親は子どもの所持品を自由にできますが，それだけではなく，もし子どもが，親の所有物を手に入れたなら，彼らはそれらを使うこともできます。もし，子どもが親の所有物に損害を与えたなら，彼らは人の物に手をふれたからというのではなく，それらを正しく扱うには若すぎたという理由で叱られます。

　所有物や所有権，そして実際，物全般にほとんど重点をおいていない文化もあります。彼らには他の優先順位があるのです。物にふれる，ふれないということ，あるいは他人の所有物に敬意を払うということについて彼らが自分の子どもに教えていることは，自分にとって所有物は大切であり，自分のアイデンティティの一部だと考えている親達の教えとは異なっています。物志向ではない親達は，所有権や消費者主義における誇りというものを子どもに教えることはありません。もちろん，テレビを観る子どもは誰でも，彼らの親がそれを信じようが信じまいが，消費者主義についての絶え間ないメッセージを受け取ってはいます。所有物についての異なった態度がもたらす大人達の衝突例を以下に示します。

1. 子どもが家から保育所に持ってきた物について発生したことに関する議論。それらは保育所のものと区別されるだろうか？　それらは整理棚に1日中置いてあるのか？　それらは，持って来た子どもが管理している

以外は，他の子ども達に使用され遊びに用いられているか？　他のすべてのものといっしょに扱われているか？
2. 他人の持ち物を尊重することについての問題（たとえば，ある子どもが別の子どもの昼食を食べた場合）。
3. なくした物についての態度（ある先生は洋服やおもちゃや靴がなくなっているかどうかを非常に気にするが，別の先生は気づかっているようではない場合）。
4. 他の子ども達から消費者主義を学ぶ子ども達の問題（保育中に，みなの前で持ち物を見せて話をする場面で，子ども達が自分の持ち物について自慢する場合）。
5. 物を大切にすることについての問題（たとえば，パズルのピースを宝物のように使っている子ども達が，パズルのピースを財布に入れたり，砂箱の砂の中にそれらを埋めようとして外に持ち出す場合）。
6. 物をしまっておくことについて。物志向の人は，きちんと分類され，しまわれているすべての物と同じ所に物を片づけようとする。

子どもの比較について

　子どもを社会化することの中には，子ども達に他の子どもと自分を比べることを教えることが含まれています。大部分の大人はおそらく，このようなことを子ども達に完全には教えてはいないのですが，大人自身はそのようにしているので，人を見る1つの方法である比較を，大人自身がモデルになって子ども達にやって見せていることになります。2人の大人がある子どもについて話していて，1人がその子どもの運動能力の発達上の画期的な出来事について話し始めると，他の1人が，その子どもの年齢を尋ねることはよくあることです。このように子どもどうしを比べたり，発達の「図式」と比較したりすることは，子どもの心に一定の考え方を発達させます。そして子ども達は，比較とは，あることが他のことより「よりよい」という意味であるというメッセージを受け取ります。彼らは幼い時期に，「早いことはよいことだ」と考える親や幼児教育者がいることを知るのです。
　このように比較を気にかける文化ばかりではありません。ドロシー　リー

(D. Lee) は，ものごとの達成に重点をおいたり，比較に夢中になったりしない文化がいくつかあると述べています。

> ナヴァジョの大人や子どもには，彼らの存在そのもの，すなわち，彼らがそこにいること自体が重要なのです。彼らはものごとを達成することへ駆りたてられることはありません。つまり，誰も成功を求めて努力する必要がないのです。…（中略）ウインツ族（カリフォルニア原住民）は，個人を他の人や何らかの標準と比較しない人々です。…（中略）南アフリカのラヴデユー族にとって，経験上達成しなければならないことなど何もありませんでした。子どもは自分のペースで育ち，自分が好きなように，人と異なっていてよかったのです。つまり，彼らは，標準と比べて評価されることなどなかったのです。子ども達は，学識，身体の大きさ，能力などによって比較されて，自分の気の向くままにする自由が危うくなるようなことはなかったのです。

感情表現について

個人としてみなされると，その子どもは自分の感情を表現するよううながされるでしょう。よい保育実践は，大人が子どものすべての感情を妥当なものとして受け入れ，それらの感情の適切な表現方法を子どもに教えることにあると言えます。

先生の中には，子どもが激怒のような感情を自分の心の中にはっきりと認めることが大切だと考えている人々がいます。彼らは，順序として，まず起こっていることを見守りながら，子どもが「その感情を徐々に出す」ようにさせています。この過程は，その感情がおさまるまで，中断されるべきではないと彼らは考えているのです。そうでなければ，表現されなかった感情は認識されないまま，意識下に消えてしまい，その時の状況にそのまま結びついた感情よりも，むしろ残った感情が，くり返し思わぬ時に突然現われるのです。この先生達は，感情表現の結果が自暴自棄になることではないことを子どもに強く印象づけたいと思っています。

ジェローム　カガン（J. Kagan）は以下のように述べています。

アメリカ人は，社会的調和よりも誠実さや個人の正直さに，より価値をおきます。しかし，たとえばジャワ島，日本，中国など，多くの文化では，調和的な社会的つながりを維持することや年長者，権威者の思いに敬意を払う心的態度をとることを重要と考えています。このことは，他者を傷つけることを避けるために，個々人が怒りを隠すだけでなく，個人の感情を制御できることを人々に要求しています。正直に関するこの実用主義的な考え方は，最も成熟した大人の優れた特徴とされており，不誠実や偽善といった軽蔑的なレッテルを貼られることはありません。

　ドロシー　リーは，ホピー族について「幸せでいることは集団の中での義務であり，葛藤する心や多くの不安は，社会の構成単位に分裂と不幸をもたらす」と述べています。
　ダン　トリン　ゴック（D. T. Ngoc）は，ベトナムの家族では「子ども達は幼い時に自分の感情をコントロールするよう教えられる」と述べています。このような考えは，感情抑制を求めていて，北ヨーロッパ系白人のカナダ人やアメリカ人の文化では，不健康とみなされます。しかし，ここには，フランシス　ハスの見解のように，別の考え方があります。

　ハスは，心の中のすべてのことを控えめに扱う中国人の傾向と，生活の様式が感情突出型であるアメリカ人の傾向とを比較して，次のように述べています。……個人が中心になるために，アメリカ人は社会的，心理的な孤立へと向かうことになります。ちょうど，悲しみが忍び難い苦痛そのものであるように，人の幸せも，絶対的な無我夢中の状態でありがちです。感情は個人の心の中に凝集しているので，強い情緒性は当然起こりうるものなのです。
　中国人は，状況中心にものごとを考えるために，社会的あるいは心理的に他人に頼る傾向があります。なぜなら，このように状況中心にものごとを考える個人は，自分のすべてが仲間と密接に結びついているからです。このような文化では，人々がお互いの幸せや悲しみを共有するので，人の幸せや悲しみは激しいものではなくおだやかな傾向にあります。

4
指導としつけ

　子どもの社会化の過程で，最も注意が払われる部分は，指導，あるいはしつけとよばれています。しつけ（指導）は，親と先生の間でよく話題になることです。保育の中で行なわれているように，1人の大人が，別の大人の子どもをしつけたり，「指導したり」する時，衝突が起きる可能性は大いにあります。

　そのような意見の不一致が見られる例として，おもなものを以下に示しました。

内面的コントロールと外面的コントロール

　よい保育実践は，どのような指導もその基本に，子どもの自己訓練，すなわち子どもが自分自身を律することができるようになることを目標にしていることを示しています。これらの実践の大部分は，北ヨーロッパ系白人のカナダ人やアメリカ人の価値体系の影響を受けています。すなわち，子どもがよちよち歩きのころからすでに，大人は，いつかは子どもが自分で自分の行動を決めたり，コントロールしたりできるように指導し始めます。その時，まず目に見える形での具体的なコントロールから始めますが，そこには，「内面的コントロール」へ導くという考えがあります。この「内面的コントロール」という言葉は先生達がよく使う言葉です。

　しかしながら，ある文化では，外面的コントロールによって内面的コントロールが導けるとは考えられていません。子ども達は親だけでなくコミュニティ（その地域に居住している共属感情をもつ人々の集合体）全体によって常に見守られています。家庭から離れて不品行なことをしている子どもは，まわりにいる誰からでも指導されるでしょう。子育ての責任は，その集団の成員の間で共有され，事が起きた場合，すべての人が代理親になるのです。

　ロニー　R. スノウデン（L. R. Snowden）によれば，

　　黒人のコミュニティは，広範囲にわたる大人のネットワークの中で，子どもの行動のコントロールに実際上の責任を負っています。……このように親の役割を

担う人の範囲が広げられているため，子どもの行動は多くの目で監督され，制裁はアメリカ社会における標準よりもすばやく行なわれます。子どもはより積極的な探索心と独断的スタイルを発達させるよう期待されているようです。このような期待の背景には，子どもの行動がたとえ行き過ぎても，尊敬されている家庭外の代理親が，そのゆきすぎを確実にチェックできるようになっているということがあります。しかしながら，学校は，直接的で本格的なコントロールをしないで，一方では，比較的従順で固定した行動パターンを子どもに期待しています。したがって，文化の衝突が引き起こされるのは明らかでしょう。

コントロールの主体が子ども自身であるかのように行動するよう，大人が子どもに望むことは何とむずかしいことでしょうか。さすがに乳児やよちよち歩きの子どもにそれを期待する大人は多くありませんが，就学前の幼児にはこれを望んでいます。もし大人が，最終的に内面的コントロールができるようになることを子どもに期待して指導しているのなら，その方法は，コントロールの主体が子ども以外にあると考えている大人とは，まったく異なっているでしょう。このような衝突が起こる時，子どもに自己コントロールを任せるという一種の文化的一貫性は失われてしまいます。

　サンドヴァルとデ　ラ　ロザ（M. Sandoval & M. De La Roza）は，ヒスパニックのコミュニティにおいては，拡大家族〔訳者注：親子だけでなく，直系血族・婚姻血族をも含む大家族〕や相互に依存するネットワーク志向の方法が，外的コントロールを与えるために役立っていると述べています。

　　食料雑貨店や他の公の場所で母親は，彼女の問いかけるような，しかし，かばうような目が子ども達に注がれていることを彼らに絶えず気づかせるために，何もいたずらをしていない時でさえ，子ども達に大声で命令してもよいのです。……ヒスパニックの人々は，大声の言葉による命令によって，一種の世間的合意の保護を求めて，自分の子どもの社会的コントロールに他の人々を引き込む意図もあるのです。〈もし，他の子ども達が困難に巻き込まれているのを見たなら，私は自分の子どもであるかのように彼らの世話をするだろう〉とその母親は考えるわけです。

家庭と保育の場において異なった方法でしつけられている子どもに，どのような問題が起こるかを予想するのはそんなにむずかしいことではありません。前述の例のような場合，誰も子どもに「命令」しなかったなら，子どもは自分の行動について誰もかまってくれないと思うかもしれません。実際，それはおそらく不思議な気持ちでしょう。もし，先生が公正であることは必ずしもすべての子どもを同じに扱うことではないと意識的に考えるようになれば，先生は，指導に関する自分の見解を広げることができるでしょう。ある子どもは外的コントロールのメッセージに慣れていると知ったなら，先生はそれらのメッセージがどのようなものであるかに注意を払うことができますし，きちんと見守ることやアイコンタクトを使うこと，そしてその子どもが慣れている「権威者」が示すようなさまざまな信号を送ることなどを学ぶことができます。

　シンシア　バレンジャー（C. Ballenger）は，彼女の論説，「あなたは私達が好きだから：コントロールの言葉」（Because You Like Us : The Language of Control），の中で，主流である北アメリカ人とハイチ人の先生の子どもに対する行動指導の方法を対比させて論じています。「北アメリカ人の先生は，子どもの感情や問題をはっきり言葉にしながら，個々の子どもと関わることに努めています」。北アメリカ人は，なぜそうしないかを，その必然的な結果から説明します。それ自体が良いとか悪いとかという行為はないけれども，行為は結果をともなうということを教えるのです。子どもは，それぞれの状況について学ぶ必要があります。結果が問題であって，共有されているモラルや価値観が論点ではないのです。

　感情やものごとの結果について言及する代わりに，ハイチ人の先生は，「集団の一員であることについての価値観や責任を言葉で明確に示しながら，子どもの行動をコントロールする言葉の中で，集団というものを強調します」。彼らは特別な行動を区別するのではなく，「悪い行ない」の中にすべてを総括的に盛り込んで，子どもに伝えるのです。ハイチ人の大人は，善悪を明確にするので，子どもも同じようになります。子どもは，なぜ良い子である必要があるのかを知っています。したがって，子どもは家族の恥になるようなことはしません。これは，共有された価値観の1つの考え方です。大人の質問に子どもが答えるという形で，大人は子どもに教えます。

「お父さん，お母さんは，蹴ってもよいと言いましたか？」と尋ねられ，子どもは自分のその場の役割を理解し，期待された答えをくり返します。そして，このような一連の場面は，しばしば次のような言葉で終わります。「大人が話しかける時には，良い人になるようにその言葉に耳を傾けなければなりません。ここにいる大人はあなた達が好きなのです。大人はあなた達が良い子になることを望んでいるのです」。
　バレンジャーは，「ハイチ人が使うコントロールの言葉」を示すために，駐車場を横切る子ども達に対して彼女自身がかけた言葉を紹介しています。

　　シンディ（先生）：「先生がそこを通っていいと言いましたか？」
　　子ども達：「いいえ」
　　シンディ（先生）：「あなた達は1人でこの駐車場を横切れますか？」
　　子ども達：「いいえ」
　　シンディ（先生）：「よろしい。ここには車が何台もありますね。車は危険です。先生はあなた達が1人でここを通ってほしくないの。なぜ先生を待っていてほしいかわかりますか？」
　　クローデット（子ども）：「先生は私達が好きだから」

　たとえバレンジャーが，子ども達が聞き慣れた文化的スタイルを使ったとしても，彼女はものごとの結果についての返答を期待していました。しかしその代わりに，彼女はもっとハイチ人的な答えを得たのです。バレンジャーは，ハイチ人のやり方について，叱責はお互いの関係をはっきりと示し，その関係を強めていると述べています。
　このバレンジャーの言葉は非常に印象的です。私は昔，幼児期に，どのような方法であっても，子どもを叱らないしつけというものを学んだのでした。私は肯定的な方法でしつけを行ないます。私は良いとか悪いとかという言葉の使用を避けています。何かを行なうための理由として，愛する（好き）という言葉を用いることはけっしてありません。「だめ」という言葉をけっして使わないで1日の保育を終えることができます。私は自分自身のやり方を批判しているわけではありません。つまり，私は自分の保育技能に誇りをもっているので

す。しかしながら，もっと厳しい，統制的な，そしてそれゆえに，子ども達にとって，より愛に満ちたやり方に慣れている子ども達には，私のやり方は誤解されているかもしれないということを私は認めています。

タイム・アウト（席をはずす）

　かつて，文化によってプライバシーについての考えが違うことを調査し始めた時，私は子どもの不適切な行動に対する反応の方法であるタイム・アウトに関して，まったく新しい見識を得ました。私はプライバシーを重要視する人間です。すべての人は，時どき1人になる空間と時間が必要であると考えています。すべての人が私の意見に賛成ではないことを知った時，私は驚きました。1人でいることを嫌い，1時間あるいは1分たりとも1人で過ごさないように努めている人に出会ったことがあります。このような人々は，誰もいない家や誰もいない部屋にいることさえ嫌うのです。私は個人主義に価値をおく文化，家族の出身です。しかし，もっと集団志向的に育つ人々は，私とは違った欲求をもっているかもしれません。

　私はそんなに頻繁にタイム・アウトを子ども達に用いることはありませんが，子どもが必要としていることがわかった時にはその欲求を満足させるために用います。ある子どもが，抑制がきかなくなり，落ち着けないような時，私は子どもに，少しの間その場から離れて，1人になってみてはどうかとすすめているように思います。プライバシーは私が心を取り乱した時，自制力を取り戻す助けになります。タイム・アウトというやり方が，私がプライバシーを得た時と同じように，何人かの子ども達に作用するのを私は見てきました。私はタイム・アウトを罰として用いたりはしていません。私は欲求を満足させるための方策として，それを用いているのです。しかし，タイム・アウトを，自制力を回復したり，得たりする方法として利用できない子ども達もいました。私はそのような子どもには，タイム・アウトの方法を用いませんでした。私はタイム・アウトがすべての人に同じ意味をもっていないことを知っています。

　私はこの問題を，アメリカ原住民を含む，多様な文化的背景をもつ人々が住んでいるアメリカ南西部でのワークショップにもち出しました。プライバシーとタイム・アウトについての考え方に関する私の意見は，活発で感情的な議論

のきっかけとなり，その議論は長時間続きました。たとえ私がタイム・アウトを罰として考えていなくとも，集団志向に慣れている子ども達にとって，それは非常に厳しいものになり得ることが明らかになりました。一個人としてよりも，集団の成員としてより強く自己を認識している人々にとって，最終的な罰は避けられていることなのです。集団から退くようにさせられることは，取るに足らないことではないのです。結局，ワークショップの参加者達は，タイム・アウトを用いるか用いないかという論点で分かれました。あるグループの人々は，保育プログラムの中でタイム・アウトを用いることを禁止しており，すべての人が禁止すべきだと考えていました。別のグループの人々は，まわりの人々に受け入れられるような行動を子どもにさせるための人道にかなった方法として，タイム・アウトを擁護しました。どちらのグループもお互いの意見に耳を傾けようとはしませんでした。第三のグループは，他の2つのグループがこのことについて徹底的に議論するのを静かに聞きながら座っていました。結論に達するには時間が短すぎました。しかし，その部屋にいた全員にとって，タイム・アウトは刺激的な話題であり，文化の違いに関係しているようだということは明らかでした。

体罰

　しつけの方法に違いがあるとするなら，それはおそらく何よりも体罰を用いるかどうかでしょう。説明，提示，不同意，再指導，タイム・アウトの使用，そしてその他多くのテクニックなど，これらすべてのしつけの方法は体罰を避けています。体罰について，ある人々は非暴力を固く信じており，もう一方の人々が有効な平手打ちの利点を信じていて，かつ，子どもの行動を統制する他の方法を知らないという場合，両者の間でやっかいな衝突が起きる可能性があります。

　しかしながら，どのような種類の保育に携わっていても，文化に関係なく，体罰を用いるという選択肢はありません。なぜなら，法律がそれを禁止しているからです。それだけではなく，身体的虐待が疑われる場合（子どもの身体に痕を残すような体罰）は，報告義務が法律によって定められています。ですから必ず，最初に子どもの親にこのことを伝えておいてください。そうすれば，

虐待が疑われ，あなたが報告しなければならない時，彼らは裏切られたような思いにならないでしょう。体罰を避ける方法に親が不賛成な場合には，対話を始めることが大切です。彼らの異なった信念には敬意を示してください。しかし，法律の存在については明確にしてください。

　子どもが集まっている時，衝突（いざこざ）は必ず起こります。衝突の扱い方は，（文化と関連する）価値観が反映されます。次に，白人ヨーロッパ系アメリカ人の先生の典型的な見解を示します。子ども間に起きる適度な数の衝突が貴重な学習経験を提供しているとしても，過度な衝突は防ぐ価値があります。1人の子どもが他の子どもの自由をなるべく侵害しないように，環境を注意深く構成すれば衝突は防げます。また，たくさんのおもちゃや活動が用意されていれば，争いを防ぐ助けになります。

　子どもどうしが取っ組み合いをしたり，争ったりして衝突が起きている時，大人は誰かが怪我をしないように，すぐにその場にやってきます。大人はその問題を解決するか，子どもが自分達でその衝突を解決できるよう，子どもにわかるように言い聞かせます。それがほんのちょっとした怪我であっても，子どもが相手を傷つけないようにすることは，典型的な白人のヨーロッパ系アメリカ人の先生にとっては非常に大切な価値観なのです。

　しかし，この価値観は全世界的に通じるものではありません。日本人の先生は，「子どもの年齢が上がるにつれて，自由遊びの時間に，だんだんおもちゃを少なくしていくようにしています。それは，子ども達が物を共有したり，起きた衝突を処理したりすることを学ぶ機会をさらに与えるためです」と述べています。先生は子ども達の背後に控えていて，彼ら自身でその問題を解決するようにさせています。実際，絶えず争いごとを起こしていたり，他の子どもを傷つけたりする子どもは，「他の子どもにさまざまな感情を経験する機会を与えてくれ，また，子ども間の衝突を仲裁するためだけでなく，意見の不一致を解決するための様々な方策のリハーサルの機会を与えてくれている」と考えられていました。

　日本の保育プログラムにおけるこのようなやり方は，しつけに関する中国人の考えとはまったく対照的です。

中国の児童発達理論によれば，子どもは正しい行動の仕方を知らずに生まれてきており，大人に監督されない仲間との遊びや，自己発見，自己実現などによって正しい行動を身につけるようにはならないと考えられています。……先生は子ども達に自制心と正しい行動を教える責任があるのです。

●◆● 5 ●◆●
力と権威

　キャロル　フィリップス（C. Phillips）は，異文化を背景にもつ親子と関わる場合，親が子どもに，権威者とどのような関係をもってほしいと考えているかを理解しておくことが大切だと述べています。

　また，権威者そのものが，どのように行動するかも，重要な問題になりえます。権威者，すなわち先生や親が，子ども達の日ごろ慣れ親しんでいる方法と異なったふるまい方をすれば，これらの子ども達は，文化的相違を経験することになるでしょう。ジャニス　ヘイル・ベンソン（J. Hale-Benson）は，「黒人の母親は白人の母親より，しっかりとした，身体的しつけをする傾向がある。その結果，大学で学んだ教育技術のみで教える白人の先生に受けもたれた黒人の子どもは，その先生の技量が及ばないために，しつけに問題がある子どもだとレッテルを貼られることになる」と述べています。

　権威に関係しているのは力です。最近，しだいに「エンパワーメント」という言葉を保育プログラムの中で耳にするようになっています。アメリカでは保育施設で毎日仕事をする際に，先生は子どもや親に対して，また先生どうしで互いにエンパワーメントを行なうことに熱心です。この「エンパワーメント」という言葉にはどのような意味があるのでしょうか？　また，文化摩擦に関して，この言葉はどのような可能性をもっているのでしょうか？

　エンパワーするとは，個人や集団の力を引き出すという意味です。エンパワーメントという言葉には，愛がそうであるように，無限の源泉から力が湧いてくるような，また，そこに，ある潜在力が存在しているという考えがもとになっています。実際，他人をエンパワーすればするほど，人は自分自身の力を認識することになります。それは，日用品を扱うこととは違います。すなわち，あなたの持っているものを他人にあげた時に，それをもらった人は，自分が以

前から持っていたものだけでなく，あなたが持っていたものまで手にし，あなたには何も残らないということではないのです。エンパワーするとは，力を与えるというよりもむしろ，力を引き出すことなのです。エンパワーすることは，個人の力で行なわなければなりません。他人を圧倒したり，コントロールしたりして行なうものではないのです。

　ところが誰もがこのようなやり方で力を理解しているわけではありません。大人が力やその用い方について違った意見をもっている時に起こりそうな衝突について想像してみてください。子どもとの関わりにおいて，そのことはどのような意味をもつでしょうか？　別の大人が，その人の力を子どもといっしょに，あるいは子どもをコントロールするよりも子どものために用いている時，人はそれを理解することができるでしょうか？

　2人の大人が，力，および力に関連した大人の役割について違った意見をもっている時，子どもへの反応の仕方は異なっています。その例を以下に述べます。

　　2歳の女児が問題を解決しようとしている場面：
　　　2歳の女の子が，もう少しで手が届きそうな棚の上のおもちゃを取ろうとしています。すぐそばの床に座っている先生が，女の子におもちゃを手渡さないでこの問題を解決するよう援助することによって，この女の子をエンパワーしようとしています。この先生は，女の子がしようとしていることを見きわめるために見守ります。女の子は，身体を精一杯のばして背伸びし続け，ついには諦め，怒り，がっかりします。その棚から女の子が離れる時に，座っている先生のそばを通ります。その先生は，大きなプラスチック製の積み木を彼女のほうに押し出します。積み木を見ることが，その女の子が必要としていることのすべてなのです。直ちにその子は積み木を棚の所まで押して行って，おもちゃを取るためにその上にまさに登ろうとした時，別の先生がやって来ます。その先生は積み木を取りのけて「ダメよ。積み木の上に登ってはいけません」と言い，その積み木をもとあった所に返しに行きます。

　1人の先生が他の先生の目的をだいなしにして，子どもと関わっているので，

このような場合に衝突が起きる可能性があることは理解できるでしょう。2人あるいは2つのグループのものごとのやり方が対立している時，1つのやり方が必ずしも正しいとは言えないし，もう一方のやり方が必ずしも悪いとは言えないのです。2つのやり方は異なっており，違いは尊重されるべきです。1つのやり方が，特に自分自身のやり方である場合，それはその人にとって，別のやり方よりもよいと感じられるでしょう。その時，判断を見合わせ，基準となる枠組みを変えて，別の方法があることを受け入れることができるでしょうか？

　ある人の文化について何かを知っているだけでは，その人の行動を予知できることにはなりません。個人は，個々の価値観，好み，行動様式，文化的背景などによって左右されます。ある人の文化を知ることは，その人が，たぶんこのようなやり方で行動するだろうという何らかの見込みについてあなたに教えてくれるでしょう。しかしこのことは，その人がそのように行動する習性があるということではないのです。

●●● 6 ●●●
「読み取る」ことを学ぶ：間接的コミュニケーション

　この章は，ある先生が，自分の価値観と対立している子どもの社会化の方法について，反対意見を率直に陳述している場面から始まりました。この場面にほんの少しでもフィクションの気配を感じたでしょうか？　もしあなたが，これはフィクションではないかと少しでも感じたのなら，それは，このような特別な価値観をもっている人々が，大勢の人々に抵抗して，あのようなやり方で考えを述べることが，あまりありそうにないことだからです。

　「スポットライト」を浴びることをよいと思わない，直接的な対立を避ける，議論することは不作法だと感じる人からのフィードバックを得るためには，いわく言い難い微妙なメッセージを読み取ることを学ばねばなりません。もし，その人に直接尋ねるなら，その人は，尋ねた人やその状況に対する非難よりも聞きたいと思っていることを話してくれるのではないでしょうか。大切なことは，正直ということではなく，やり方や相手との調和なのです。相手の気持ちを読むことを期待されているようで，いらいらするかもしれませんが，ほんの

少しだけ学べば，この種のコミュニケーションに慣れている他の人々が，微妙な言語的，非言語的メッセージの意味を汲み取ることができていることに気づくでしょう。このことは，実際に相手の気持ちを読むことではありません。これは問題解決の手がかりを発見することなのです。

　さて，本章の最初に取り上げた先生について，もう一度考えてみましょう。直接的な言葉でのコミュニケーションの段階にいたる前に，彼女が発していたすべての手がかりについて見てみたいと思います。彼女が全スタッフに直接対峙することは，彼女自身の性に合っていない行為だということを認識することは大切なことです。彼女は，この種の個人的表現を彼女に教えたヨーロッパ系アメリカ人のセラピストが目前にいたという理由だけで，あのような事態にいたったのです。たとえ彼女がそうすることを学んでいたとしても，あのような大胆な批判は，彼女自身の信条にまったく反していたので，彼女は非常に不愉快に感じていたのでした（不幸だとか，不愉快だと感じていたことでさえも，あのように直接的に気持ちを吐露することはこれまでなかったのではないでしょうか）。しかしこの先生は，スタッフ会議でこのように最悪の事態に追い詰められるずっと以前から，園長には，事態予測の手がかりを投げかけていたのです。

　園長に伝わることを期待して，その先生が第三者に保育プログラムのことで不満を言った時に，最初の手がかりは送られていたのです。彼女は保育中の子どもの社会化の方法が，文化的に不適切だと考えると憂鬱でした。しかし，園長に届けられた彼女のメッセージは，このような表現で伝えられていなかったのです。第三者が報告したことは，ある特別な出来事に関してその先生が感じている不快さについてでした。この出来事は，園長の頭の中ではたいして重要だとは思われませんでした。園長は，メッセージを間接的に受け取ったことにむしろ怒り，その先生が自分に直接話さなかったという理由で，すべての状況を無視したのです。園長は，いわゆる「うわさ」や「ゴシップ」といったことにエネルギーを費やす価値はないと判断したのでした。

　もしこの園長がもっと文化的なことに敏感であったなら，第三者を介したコミュニケーションは，直接的な対立を避ける1つの手段であることを理解できたのではないでしょうか。この手段は完全に受け入れることができるし，また，

多くの人々が望んでさえいることでした。

　また，別の一連の手がかりは，その先生が園長の文化全般についての批判をするたびにいつも送られていたのです。しかしその時はいつも，その先生と同じ文化の人は誰も，その言葉が聞こえるところにはいませんでした。「でも，園長先生はそのようではなくて……」とその先生は一度ならず園長に言っていたのでした。このような機会のたびに，その先生が園長の行動についての個人的フィードバックをほんの少し返していたことを，園長は知りませんでした。これは回りくどいやり方ですが，その先生の文化では容認されたやり方だったのです。

　園長は学びたいと思い，その先生に彼女の文化について教えてくれるように頼みました。園長の態度は，2人をより親しくはしましたが，残念ながらそれはあまりにも過剰な期待だったのです。その先生にとって，彼女の文化について表面的で簡単にわかること以上の内容を伝えるのは非常にむずかしかったのです。その先生は，園長に彼女の文化における芸術，音楽，食べ物について教え始めました。しかしその先生は，彼女を悩ませていることの核心については，直接的に言及することを避けたのです。

　重要な文化上の衝突を避けながら，彼らは文化の中の表面に現われている部分で関係を築いており，その間，その先生は，えも言われぬ微妙なメッセージを発信し続けていたのでした。園長はそれらの発信にどれ1つとして気づくことはありませんでした。たとえば，あるスタッフ会議の時，彼らは子どもの持ち物に名札をつけることについて話し合っていたのですが，その先生はほんの少し異議を唱えました。しかし誰も彼女の言っていることを正確には理解しませんでした。そして，会話が別の話題へとそれた時，その先生は黙ったままだったのです。園長は彼女の異議について話を続けようと，話題を戻したのですが，その時にはすでに，その先生は大多数の意見に同意していました。このことから，園長はその先生が考えを変えたと思いました。ちょっとした意見を述べることでさえ，その先生にとっては努力を要するたいへんなことであることを園長は認識していなかったのです。その先生がほんの少し意見を表明したということ自体，彼女が非常に強い思いをもっていたことを示していたのでした。しかし園長は，気持ちを言葉にすることがふつうのやり方として認められてい

る文化的背景をもっていたため，その先生のわずかな異議を非常に重要なものとしてとらえることができなかったです。

　この園長のような立場にある時，たいていの人は，メッセージを送っていたのに認めてもらえなかったと言われたなら，少なくとも失望し，おそらく非常に怒り，また立ちすくむのではないでしょうか。ある人々の間で一般的に用いられているコミュニケーションの間接的な手段は，率直さや正直さを重要と考えている文化の人を非常に動揺させます。

　もし，例にあげた園長の立場であるなら，間接的コミュニケーションを間違ったもの，悪いもの，あるいは社会的に機能障害に陥らせるようなものとして見ないで，単に，コミュニケーションの「別の方法」とみなすようにすることが大切です。人は自分のやり方を教えようとすることはできますが，自分が変わることよりも他人が変わることのほうがむずかしいことを知るでしょう。おそらく最も期待すべきことは，相互尊重と相互理解だと思います。

　多様な文化が存在するなかで子どもを社会化するためには，コミュニケーションを打ち解けたものにし，すべての大人が，今何が起きているかを観察できるようにして，他人がそのことについてどのように感じているかを理解する必要があります。ものごとを隠しだてのない状態にすることはできるのではないでしょうか。しかしたとえそうしたとしても，次のことを認識しておくことが大切です。すなわち，保育目標や価値観を語ったとしても，それは，その人が子どもを扱う方法であり，その人に対する子ども達の反応の仕方であり，また，違いを生み出していることに反応し返す方法であるということなのです。行動と相互作用を通してのみ，目標や価値観の違いは意味をもってくると言えるでしょう。そうでなければ，すべてが理論の段階にとどまってしまうのです。

8章　おわりに

　本書は，多様な文化が存在する状況下で子ども達と関わる大人について書かれたものです。また，担当している子どもに関して，いろいろな文化に接しながら他の人と関わる大人についても書かれています。この本は，違いから生じる問題を解決し，お互いの間にある違いとともに生活し，違いから学び，違いをたたえることについて書かれているのです。また，相手の子育ての仕方が標準とみなされていることから逸脱している時に，それを正当な適応的反応ととらえないで，子育ての力がないと考え，いわゆる「欠損モデル」をつくったりしないように本書は書かれました。そして，価値観というものがいかに子育ての仕方に影響を与えているかについて考えました。多様な子育ての長所を明らかにし，それらが個人や家族の精神の健全を促進するのと同じように，いかにその集団の存続や強化に寄与しているかを考察しています。本書は，お互いの間にある違いを力の源として見るだけでなく，その違いを相互に尊重し合って見ることについて書かれているのです。

　本書はまた，相互交渉を通して衝突を解決することや，先生や親の教育を通して問題解決をすることについても書かれています。解決できないような衝突に対し，相互尊重や継続的なコミュニケーションによって対処していく方法について述べているのです。

　ここまでのところでまだ述べていないこと，それは，このような話や衝突の対処法を誰と行なうのかということです。もし核家族を主要な家族のモデルと考えるなら，子どもの世話を託されているのは母親だと思うでしょう。そして，異なった家族構成の家族に関わる時，驚くのではないでしょうか。子どもに関する決定を母親が行なわない家族もあるのです。それは父親であったり，祖母であったり，あるいは，「その家族の長」とみなされている誰か他の人であっ

たりするのです。子どもを預けに来る人が，こちらから話しかける相手だと無意識に仮定してはなりません。その代わりに，その家族の中で誰が決定権をもっているのかを確かめてください。もし子どもの親が独自の決定を行なうことができないのなら，子どもに関するどのような行為についても，話し合ったり，交渉したりすることを相手に期待しないでください。拡大家族の中には，年長者が家族に関することすべてを決定しているという事例もあります。ですから，話し合いの場や協議の場，また会議や社会的集会に子どもの親だけでなく，他の人も必ず招待してください。

　これらのことは，どれも容易ではありません。さまざまな文化に関わることは，際限のない困難を引き起こします。たとえば，ある園に入って行った時，子ども達と床に座って，部屋中を散らかしている先生達を見つけたと想像してみてください。その先生達はお互いにめったに話をしないし，目も合わさないのですが，その代わりに，十分子ども達に注意を向けており，彼らに語りかけ，反応し，始終，新しいおもちゃを持って来たり，哺乳瓶でミルクを与えたり，おしめを変えたりというように主体的に何かを行なっています。この先生達は，文献上「児童発達に適したよい実践方法」だとされていることを意識的に行っています。また，彼らは無意識に古風で一般的な核家族の主婦の役割を再現してもいます。つまり，自分の子どものためにそこにいて，他の人々から孤立して子育てをしていたかつての主婦の役割を再現しているのです。これらの先生はおもな保育目的を成し遂げています。つまり，他人の子どもに注意を集中させ，ただひたすら子ども達が主体性をもった人になって彼らのもとを去って行くことを期待しているのです。子ども達は先生から自立するはずです。子ども達の身に起こることは，まさにこのことなのです。つまり，子ども達は，3歳未満児のための保育プログラムから，就学前の保育プログラムへと移行し，ほとんどの場合，先生との絆が形成されます。そして先生との愛着は，子ども達の受ける保育プログラムが変わっていくにつれて弱まります。このようになることを先生は望んでいるのです。先生は淋しく感じるかもしれませんが，子ども達が次の段階，すなわち，自分達から自立する段階へと進んでいくことを望んでいます。

　さて，次に，別の園に入って行ったと仮定してみましょう。ここでは，先生

達は床に座らないで，大人用の椅子に腰掛けています。彼らは部屋の一角に集まって話をしています。数人の人は自分の膝の上に赤ちゃんを抱いていますが，赤ちゃんに向かって直接話しかけることはありません。先生達はお互いどうしに注意を向け合っており，その注意の方向を特別に変化させることなく，子ども達を何気ない形で大人の世界の一員にしているのです。

　彼らはめだった形で監督はしていないけれども，瞬間，瞬間にその部屋で起こっていることは把握しているように見えます。そこにいる先生達は，即座に「児童発達に適したよい実践方法」だとわかるようなことをしてはいません（多分，彼らはそのことに罪の意識を感じているのではないかと思います）。しかしこの先生達は，まわりの多くの大人達とともに，拡大家族の中での子育てを行なっているのです。彼らは，また，子ども達が，背後にいる先生達のもとを離れて，やがて「就学前のクラス」に進級していくこともわかっているのです。先にあげた事例の先生達は，分離という目標を妥当なものとして受け入れ，最初の保育プログラムで子ども達と関わる大人として，愛着の絆を子ども達に提供することに満足しているのですが，この先生達は彼らとは違っています。先生である自分達からやがて自立していく子ども達のことを考えることがそんなに嬉しくないのかもしれないのです。

　もし，前述の2つの事例にあげたような保育を指導する立場だったなら，自分自身のスタイルに合わない保育についてどのように感じるでしょうか？　つまり，自分が考える保育目標や，自分が乳児にとってよいと考えていることに合わない保育を見て，どのように感じるでしょう？

　さまざまな文化にふれる場合，困難が生じます。それは，価値観，ものごとのやり方，ものごとのあり方についての考えの違いによって起こるだけでなく，人々が気づいていないシステムに左右されることによっても起こるのです。また，これらの困難は他のことと分離することもできません。ホールは，彼を大いに悩ませている特別な人物との絶交について，彼の問題を以下のように述べています。

　「私は，自分と相手との間に一線を引くことに失敗しました。そして私は，彼を自分に対する反抗者だとか，何か不愉快な存在だとか，冒すはずではなかった失敗として扱っていたのでした」

さらにホール（E. T. Hall）は次のように述べています。

> 論理的には，異文化の人々が出会った時，何の問題もないはずです。ふつう，ものごとは両者の友情や好意で始まるだけでなく，そこにはお互いが異なった信念や習慣，道徳的慣習，価値観，あるいはそれに類するものをもっているという知的な理解があります。問題は，人々がいっしょに働かなくてはならない時に，表面的なところで起こります。数年の親密なつき合いを経た後でさえ，しばしば，相手のシステムをうまく機能させることはできないのです。人々は自分の文化の確認の仕方でものごとをとらえ，その範囲内にとどまっているのです。このことを理解していなければ，相手のことを自分ではコントロールできない，予想もつかない存在と思うでしょう。

ホールによれば，ものごとを機能させるためには，「2つのことを知っていなければなりません。つまり，まず，そこにあるシステムが存在すること，そして次に，そのシステムの特徴を知っておく必要があるのです」。自分自身のシステムを見出す方法は，それを他のシステムと対比させてみることです。何らかの現実生活の状況が，あなたの中にある反応を引き起こした時，あなたはシステムの差異を発見することができます。その時に，あなたの感情を調整してください。そして全体的な状況に気づくようになってください。ただそうする時にだけ，システムによって行動に違いがあることを理解し始めるのです。私達は，状況の中に，つまり現実生活の場面の中にそのシステムの特徴を見出します。

保育の中には，多くの現実生活の場面があります。私達は，自分自身や自分達のシステムがどのように作用しているのかということについて，おびただしい数の情報を見つけ出すことができます。私達が健全でふつうだと思っている意識化のプログラムに他の人々がついてこない時，私達のシステムが作用していることがわかり始めます。私達と異なる人々と関わることは，すばらしいことなのです。つまりこのことは，異常でエキゾチックなことではなく，私達自身のシステムを学ぶ機会を得ることなのです。私達のシステムを共有できない人々（すなわち，異性，異年齢，異民族，異文化の人々）と関わり合うことに

よってのみ，私達はそのことに気づくことができます。本書は文化に焦点をあてていますが，私達はみな，他のシステムとも接触する機会があります。それらのシステムは，その差異にあわせて私達のシステムを調整する時，私達自身のシステムについて教えてくれます。自分自身のシステムがはたらいているとわかった時に，生活の仕方について，よりよい決断をすることができるでしょう。人は，自分にとってうまくいくように，生活の仕方を変えることができるのです。

　現在，白人のアングロサクソン系アメリカ人は，アメリカ合衆国に暮らしているということだけで，知らず知らずに特権と力（それらは労力によって得たものではないとつけ加えたほうがよいかもしれませんが）をもっています。そのような人々の一員である私は，社会の底辺にいる人々と比べると，力の差に関して自分のシステムしか知らないと言えるでしょう。男女の力の差に関して私が女性として知っていることを考えてみると，初めてそのことがわかるのですが，やっとその事実を認識しつつあるというのが現状です。つまり，ちょうど，男性が女性のシステムを知っている以上に，女性である私は男性のシステムについて知っているように，力の差がある場合には，弱い立場にいる者のほうが相手のことがよくわかるのです。たとえば，アフリカ系アメリカ人は，私が彼らのシステムを知っている以上に，私のシステムについて知っています。力の弱い立場の人々は，存続のために自分達より力をもつ人々について学ぶのです。

　私がここで主張したいことは，私達の中には，他の人達よりもっと多くのことを学ばなければならない人々がいるということです。また，他の人々のシステムを学ぶ一方で，人の行動の仕方は，その人が属している文化を知ることだけで予想できるものではないことを心に留めておきましょう。人は個々の価値観，好み，行動様式をもっており，それらが，その人の行動の仕方を決定します。文化に関するどのような主張も一般論であって，その文化の中にいる一個人がどのように行動するかを伝えるものではありません。ある特定の文化について多少理解すれば，その文化を支配する基本観念や傾向，そして蓋然性（起こりそうなこと）がわかるでしょう。しかし，その情報を個々人にあてはめて一般化することには注意してください。

私は，文化が混ざり合っていくことを信じています。たとえそのむずかしさについての例をあげたり，多文化が混在する環境におかれることによって，自文化を共有できない子どもについての心配を述べたり，ある文化が他の文化より力をもっている場合の文化交流の問題点を考えたりしていても，文化が混ざり合うことは建設的なことだと考えています。

　うまくいけば，2つの文化，あるいは多文化の保育プログラムの中で，子ども達は非常に有能な人間に成長します。つまり，彼らは自分と同じ文化の人々といっしょにいても離れていても，自由に，心地よく過ごすことができるようになるのです。自分自身を肯定的にとらえ，環境に調和し，自分がある状況に適合していないと思えば，自分や自文化のうちの何ものも捨てずにその状況に適応できる，よりよい機会を見つけるでしょう。

　私の夫は，このような2つの文化をもつ人間です。彼はメキシコの二言語二文化併用の環境のもとで育ちました。彼の家族はドイツ人コミュニティに属しています。とはいっても，夫には4分の1，ドイツ人の血が流れているだけです。彼は幼少時から，ドイツ語とスペイン語の両方が話せます。そして彼には，スペイン語を話す文化の中で育ったメキシコ人，ドイツ語を話す文化の中で育ったドイツ人，そして彼と同じように二文化併用の人など，いろいろな背景をもつ友人や親戚がいます。夫は，ドイツの大学に行くのと同じくらい簡単にメキシコの大学にも進学できるようにと，二言語併用の学校で教育されました

(残念ながらアメリカでは，二言語教育の学校を卒業した人はほとんどいませんが……)。

しかし，夫はメキシコかドイツの大学に行く代わりにアメリカにやって来ました。アメリカで彼は第三の文化と言語を習得することに全力を注いだのです。

彼は，幼児期の教育のおかげで（と，私は確信しているのですが），これまでの自分自身をそれほど犠牲にすることなく，す早く簡単に中流アングロサクソン系アメリカ人の社会になじむことを学びました。現在夫は，ドイツ人，メキシコ人，チカーノ，メキシコ系アメリカ人，そしてアングロサクソン系のアメリカ人のどの集団にでも，容易に入っていきます。その時彼は，相手の言語で話をし，それぞれの文化で用いられているジェスチャーや顔の表情や身体的な態度，そして文化の一致を伝えるその他すべての行動を用いているのです。これらのうちのいくつかに彼は気づいていますが，別の面は無意識に違いありません。名前までもが彼のカメレオンのような変幻自在の才能を反映しています（夫は，状況によって，彼を知る人々に，フランク，ファンコ，パンチョなどとよばれているのです）。

私は1つの文化しか背景にもっていないので，自分よりもずっと広くて，もっと引き出された能力をもっている人々を羨ましい思いで眺めています。しかし，私は私自身の背景の利点をもっています。中流階級の身分をなんとか維持しようと努力していた拡大家族に囲まれ，低所得の1人親のもとで育った私は，ある人々よりも階級差に関してより広い視点をもっています。ただ，この話題は，本書で取り上げていることの範囲を超える多くの問題の扉を開くことになるでしょう。

そこで，私は本書を締めくくるにあたって，1つの世界を想像してみることにします。その世界では，ある文化の人々が別の文化の人々に，たとえその文化が異なっていたとしても，敬意を払っています。そこでは，力の差は過去のものです。人々は，自分自身と社会に役立つみずからの能力を知っていて，それを用います。その世界は，魅力のない一律的な形ではなく，豊かな多様性のなかに統一されています。私は，家庭と家庭外保育の子育ての方法を通して，このような世界に近づいていくことができると考えています。このような世界に向けての小さな一歩を踏み出すために本書は書かれたのです。

研究図書

第1章

Carroll, Raymonde, *Cultural Misunderstandings: The French-American Experience.* Chicago: University of Chicago Press, 1988. Not specifically about early childhood, but helps mainstream middle-class North American readers perceive their own culture when it contrasts with another.

Clark, A. L., ed., *Culture and Childrearing.* Philadelphia: F. A. Davis, 1981. Gives a good overview of child-rearing practices as described by members of various cultures.

Delpit, Lisa, *Other People's Children: Cultural Conflict in the Classroom.* New York: New Press, 1995. Gives a picture of numerous problems that can occur when teachers don't understand their students or the families the students come from. She is also clear that children not of the dominant culture need the same sets of skills that the mainstream children learn.

Ellison, Sharon, *Don't Be So Defensive!* Kansas City, Mo.: Andrews McMeel, 1998. Helpful in understanding how defensiveness gets in the way of communication and explains how to communicate nondefensively.

Gonzalez-Mena, Janet, "Do You Have Cultural Tunnel Vision?" *Child Care Information Exchange,* July/August 1991, 29–31. About perceiving differences and is aimed specifically at a child care audience.

Gonzalez-Mena, Janet, "Understanding the Parent's Perspective: Independence or Interdependence?" *Exchange,* September 1997. More about the two priorities and how they change the way adults care for children.

Gonzalez-Mena, Janet, "Dialogue to Understanding Across Cultures." *Exchange,*

July 1999, 6–8. Outlines some of the issues in child care programs that go beyond simple cultural misunderstandings.

Greenman, Jim, "Living in the Real World: Diversity and Conflict." *Exchange*, October 1989. Provides examples from child care settings that make it easier to perceive and know how to respond to differences.

Hall, Edward T., *Beyond Culture*. Garden City, N.Y.: Anchor Books, 1977. An eye-opening book about hidden culture and differences.

Hildebrand, Verna, Lillian A. Phenice, Mary M. Gray, and Rebecca P. Hines, *Knowing and Serving Diverse Families*. Columbus, Ohio: Merrill, 1996. Good information about ethnicity and context of families living in the United States.

Johnson-Powell, Gloria, and Joe Yamamoto eds., *Transcultural Child Development*. New York: Wiley, 1997. Also about the context and ethnicity of various groups.

Patterson, Monica Beatriz Demello, "America's Racial Unconscious: The Invisibility of Whiteness," in Joe L. Kincheloe, Shirley R. Steinberg, Nelson M. Rodriguez, and Ronald E. Chennault, eds., *White Reign: Deploying Whiteness in America*. New York: St. Martin's Press, 1998, 103–122. A look at whiteness for people who may not even realize their color makes a difference in their lives.

Shareef, Intisar, and Janet Gonzalez-Mena, "Beneath the Veneers of Resistance and Professionalism." *Exchange*, May 1997, 6–8. Looks at how racism affects attitudes of early childhood educators and how attitudes affect communication.

第2章

Anderson, P., "Explaining Intercultural Differences in Nonverbal Communication," in L. Samovar and R. Porter, eds., *Intercultural Communication: A Reader*. Belmont, Calif.: Wadsworth, 1994. Helps clarify some of the difficulty behind cross-cultural communication.

Gonzalez-Mena, Janet, "Cross Cultural Conferences." *Exchange*, July 1997, 55–57. Outlines some skills useful for communicating in parent conferences.

Gudykunst, W. B., ed., *Intercultural Communication Theory: Current Perspectives*. Beverly Hills, Calif.: Sage, 1983. A look at communication theory as it relates to cross-cultural exchanges.

Delpit, Lisa, *Other People's Children: Cultural Conflict in the Classroom*. New York: New Press, 1995. Gives a clear picture of numerous problems that occur when teachers don't understand their students or the families the students come from.

Derman-Sparks, Louise, "The Process of Culturally Sensitive Care," in Peter Mangione, ed., *Infant/Toddler Caregiving: A Guide to Culturally Sensitive Care*. Sacramento, Calif.: Far West Laboratory and California Department of Education, 1995. Gives some specific ideas regarding what to do in a cross-cultural situation.

Lee, Lisa, "Working with Non-English-Speaking Families." *Exchange*, July 1997, 57–58. Tips for when communication is difficult.

Tobaissen, Dora Pulido, and Janet Gonzalez-Mena, *A Place to Begin: Working with Parents on Issues of Diversity*. Oakland, Calif.: California Tomorrow, 1998. Gives ideas on how to find out about the culture and language of families in the program.

第3章

Derman-Sparks, Louise, "The Process of Culturally Sensitive Care," in Peter Mangione, ed., *Infant/Toddler Caregiving: A Guide to Culturally Sensitive Care*. Sacramento: Far West Laboratory and California Department of Education, 1995. A how-to guide for negotiating cultural differences.

Fadiman, Anne, *The Spirit Catches You and You Fall Down: A Hmong Child, Her American Doctors, and the Collision of Two Cultures*. New York: Noonday Press, 1997. The story of a child with epilepsy that provides a fascinating look at a huge cultural clash between Western medicine and Hmong ideas about disease and cures. It gives a lot of examples of not listening or understanding.

Fisher, Roger, and William Ury, *Getting to Yes: Negotiating Agreement Without Giving In*. New York: Penguin Books, 1991. Helps with the negotiation process.

Gonzalez-Mena, Janet, "Taking a Culturally Sensitive Approach in Infant-Toddler Programs." *Young Children* 47(2), January 1992, 4–9. More information about cultural conflicts.

Gonzalez-Mena, Janet, and Anne Stonehouse, "In the Child's Best Interests," *Child Care Information Exchange* 106, November 1995, 17–20. A broader look at what the "child's best interests" really means.

Small, Meredith, *Our Babies, Ourselves: How Biology and Culture Shape the Way We Parent*. New York: Anchor Books, 1998. Full of fascinating information by an anthropologist about beliefs and practices that conflict with the American experts' recommended practice.

Takaki, Ronald, *A Different Mirror: A History of Multicultural America*. Boston: Back Bay Books, 1993. What we didn't learn about history in school. This book helped me understand the roots of why things are the way they are.

第4章

Bhavnagri, Navaz Peshotan, and Janet Gonzalez-Mena, "The Cultural Context of Caregiving." *Childhood Education* 74(1), Fall 1997, 2–8. Describes sleep practices and where they came from.

Chang, Hedy, *Affirming Children's Roots: Cultural and Linguistic Diversity in Early Care and Education*. San Francisco: California Tomorrow, 1993. Examines, among other things, cultural deficiencies in programs, some of which focus on caregiving routines.

Clark, A. L., ed., *Culture and Childrearing*. Philadelphia: F. A. Davis, 1981. Gives a good overview of child-rearing practices as described by members of various cultures.

Cronin, Sharon, Louise Derman-Sparks, Sharon Henry, Cirecie Olatunji, and

Stacey York, *Future Vision, Present Work: Learning from the Culturally Relevant Anti-Bias Leadership Project.* St. Paul, Minn.: Redleaf, 1998. In her chapter, Sharon Henry writes about how there is no room in teacher training programs to describe African-American ways of holding babies and putting them to sleep.

Gonzalez-Mena, Janet, *A Caregiver's Guide to Routines in Infant-Toddler Care.* Sacramento: Child Development Division, Center for Child and Family Studies, Far West Laboratory for Educational Research and Development, California Department of Education, 2000. Discusses eating and sleeping routines in infant-toddler programs.

Gonzalez-Mena, Janet, "Cultural Sensitivity in Routine Caregiving Tasks," in Peter Mangione, ed., *Infant/Toddler Caregiving: A Guide to Culturally Sensitive Care.* Sacramento: Far West Laboratory and California Department of Education, 1995. Looks at cross-cultural issues in feeding and other caregiving routines.

Gonzalez-Mena, Janet, "Dialogue to Understanding Across Cultures." *Exchange,* July 1999, 6–8. Describes a situation involving different ideas about feeding and self-help skills.

Morelli, G., B. Rogoff, and D. Oppenheim, "Cultural Variation in Infants' Sleeping Arrangements: Questions of Independence." *Developmental Psychology* 28(4). Examines sleeping as it relates to independence.

Phillips, Carol Brunson, and Renatta M. Cooper, "Cultural Dimensions of Feeding Relationships." *Zero to Three* 12(5), June 1992, 10–13. More about culture and infant feeding.

第5章

Bowlby, J., *Attachment and Loss: Vol. 1: Attachment.* New York: Basic Books, 1969. A classic book on attachment theory.

Gonzalez-Mena, Janet, "Understanding the Parent's Perspective: Independence or Interdependence?" *Exchange,* September 1997. Gives an explanation about the two differing parenting priorities.

Hall, Edward T., *Beyond Culture.* Garden City, N. Y.: Anchor Books, 1977. No specific discussion about attachment, but it does mention attachment among other subjects.

Harwood, Robin L., Joan G. Miller, and Nydia Lucca Irizarry, *Culture and Attachment: Perceptions of the Child in Context.* New York: Guilford Press, 1995. Goes deeply into attachment theory and cultural variations.

Levine, Robert A., "Child Rearing as Cultural Adaptation," in P. Herbert Leiderman, Steven R. Tulkin, and Anne Rosenfeld, eds., *Culture and Infancy: Variations in the Human Experience.* New York and San Francisco: Academic Press, 1977. Attachment may be influenced by survival issues.

Levine, Robert A., "A Cross-Cultural Perspective on Parenting," in M. D. Fantini, and R. Cardenas, eds., *Parenting in a Multicultural Society.* New York: Longman, 1980, 17–26. A cross-cultural view of parenting issues, including attachment.

Lubeck, Sally, *The Sandbox Society: Early Education in Black and White America.*

Philadelphia: Falmer Press, 1985. An interesting look at cultural differences in preschool including a comparison between collective and individualistic orientation.

第 6 章

Bergen, Doris, ed., *Play as a Medium for Learning and Development.* Portsmouth, N.H.: Heinemann, 1988. Looks at the benefits of play for children.

Fillmore, Lily Wong, "Luck, Fish Seeds, and Second-Language Learning," in Christine Pearson Casanave, and Sandra R. Schecter, eds., *On Becoming a Language Educator.* Mahwah, N.J.: Erlbaum, 1997. A gripping look at how Dr. Fillmore felt upon entering kindergarten and being put at a table at the back of the room with other children who didn't speak English.

Harkness, Sara, and Charles M. Super, eds., *Parents' Cultural Belief Systems.* New York: Guilford Press, 1996. Lots of research on diversity in how parents see the world and their children.

Heath, Shirley Brice, *Ways with Words: Language, Life and Work in Communities and Classrooms.* Cambridge: Cambridge University Press, 1983. Fascinating book about language differences and play modes of the groups she studied.

Lubeck, Sally, *The Sandbox Society: Early Education in Black and White America.* Philadelphia: Falmer Press, 1985. Contrasts African-American and white views of preschool curricula and practices.

Mistry, Jayanthi, "Culture and Learning in Infancy," in Peter Mangione, ed., *Infant/Toddler Caregiving: A Guide to Culturally Sensitive Care.* Sacramento: Far West Laboratory and California Department of Education, 1995. Explains the cultural view that children learn by observing adults, not by playing.

Monighan Nourot, Patricia, Barbara Scales, Judith Van Horn, and Milly Almy, *Looking at Children's Play: A Bridge Between Theory and Practice.* New York: Teachers College Press, 1987. Play theory and practice plus more about the benefits.

Rogoff, Barbara, *Apprenticeship in Thinking.* New York: Oxford University Press, 1990. Looks at how children learn through interactions and through observation of adults. Contrasts learning to a child-centered environment with learning by being part of the adult world.

第 7 章

Ballenger, Cynthia, "Because You Like Us: The Language of Control." *Harvard Educational Review* 62(2), Summer 1992, 199–208. Thought-provoking article that contrasts Haitian and North American early childhood professional discipline approaches.

Gonzalez-Mena, Janet, "Lessons from My Mother-in-Law: A Story about Discipline." *Exchange,* January 1997, 44–46.

Lee, Fong Yun, "Asian Parents as Partners." *Young Children,* March 1995, 4–8. Discusses the perspective and core values of five Asian cultures.

Little Soldier, Lee, "Working with Native American Children." *Young Children*, September 1992. Information about Native American socialization and how to relate to Native American children in culturally sensitive ways.

Medicine, Beatrice, "Child Socialization Among Native Americans: The Lakota (Sioux) in Cultural Context." *Wicazo Sa Review* 1(2), Fall 1985, 23–28. Helps the reader understand Native American perspectives on socialization.

Ramirez, M., and A. Castenada, *Cultural Democracy, Bicognitive Development and Education*. New York: Academic Press, 1974. A classic book that brought to attention the idea of field-independent and field-sensitive learners.

Rodriguez, R., *The Hunger of Memory: The Education of Richard Rodriguez*. New York: Bantam Books, 1983. A firsthand account of one child's socialization.

Tobin, Joseph J., David Y. H. Wu, and Dana H. Davidson, *Preschool in Three Cultures*. New Haven, Conn.: Yale University Press, 1989. A thought-provoking look at differences in preschool practices and the values behind them. The study included North American, Chinese, and Japanese preschools and day care.

Wong-Fillmore, Lilly, "When Learning a Second Language Means Losing the First," *Early Childhood Research Quarterly* 6, 1991, 223–229. Explains the serious problems with cultural identification and family relationships that occur when children lose their home language.

第8章

Hall, Edward T., *Beyond Culture*. Garden City, N.Y.: Anchor Books, 1977. All of Hall's books explain culture and cultural encounters in helpful ways.

McIntosh, Peggy, *"White Privilege and Male Privilege: A Personal Account of Coming to See Correspondences Through Work in Women's Studies."* Working Paper No. 189. Wellesley, Mass.: Wellesley College Center for Research on Women, 1988. Looks at the other side of bias—privilege. An eye-opening article for white people.

Phillips, Carol Brunson, "Culture: A Process That Empowers," in Peter Mangione, ed., *Infant/Toddler Caregiving: A Guide to Culturally Sensitive Care*. Sacramento: Far West Laboratory and California Department of Education, 1995. Argues that empowering children is a major reason to deal with cultural issues in early childhood education.

Young, V. H. "A Black American Socialization Patterning." *American Ethnologist* 1, 1974, 405–413. Discusses some real differences in how adults socialize children.

参考図書

Akbar, Na'im, *The Community of Self.* Tallahasee, Fla.: Mind Productions, 1985.

Akbar, Na'im, *Light from Ancient Africa.* Tallahasee, Fla.: Mind Productions, 1994.

Akbar, Na'im, *Breaking the Chains of Psycholoical Slavery.* Tallahasee, Fla.: Mind Productions, 1996.

Alderete-Baker, Elena "Internalized Achievement-Related Motives of Native American Women," Unpublished Ph.D. dissertation, 1998.

Allen, Paula Gunn, *Off the Reservation.* Boston: Beacon Press, 1998.

Anderson, P., "Explaining Intercultural Differences in Nonverbal Communication," in L. Samovar, and R. Porter, eds., *Intercultural Communication: A Reader.* Belmont, Calif.: Wadsworth, 1994.

Anderson P., and E. S. Fenichel, *Serving Culturally Diverse Families of Infants and Toddlers with Disabilities.* Washington, D.C.: National Center for Clinical Infant Programs, 1989, ED 318174.

Ballenger, Cynthia, "Because You Like Us: The Language of Control." *Harvard Educational Review* 62(2), Summer 1992, 191–208.

Banks, J. A., "Multicultural Education: Development, Dimensions, and Challenges." *Phi Delta Kappan* 22, September 1993, 20.

Bell, Derrick, *Faces at the Bottom of the Well: The Permanence of Racism.* New York: Basic Books, 1992.

Bergen, Doris, ed., *Play as a Medium for Learning and Development.* Portsmouth, N.H.: Heinemann, 1988.

Bernhard, Judith K., Marlinda Freire, Fidelia Torres, and Suparna Nirdosh, "Latin Americans in a Canadian Primary School: Perspectives of Parents, Teachers, and Children on Cultural Identity and Academic Achievement." *Canadian Journal of Regional Science*, Spring/Summer, 1997, 117–137.

Bernhard, Judith, Marie Louise Lefebvre, Gyda Chud, and Rika Lange, *Paths to Equity: Cultural, Linguistic, and Racial Diversity in Canadian Early Childhood Education*. Toronto: York Lanes Press, 1995.

Bhavnagri, Navaz Peshotan, and Janet Gonzalez-Mena, "The Cultural Context of Caregiving." *Childhood Education*, 74(1), Fall 1997, 2–8.

Billman, Janet, "The Native American Curriculum: Attempting Alternatives to Teepees and Headbands." *Young Children*, September 1992.

Block, Marianne N., B. Robert Tabachnick, and Miryam Espinosa-Dulanto, "Teacher Perspectives on the Strengths and Achievements of Young Children: Relationship to Ethnicity, Language, Gender, and Class," in Bruce L. Mallory, and Rebecca S. New, eds., *Diversity and Developmentally Appropriate Practices: Challenges for Early Childhood Education*. New York: Teachers College Press, 1994, 223–249.

Bowlby, J., *Attachment and Loss: Vol. 1: Attachment*. New York: Basic Books, 1969.

Bowman, Barbara T., and Frances M. Stott, "Understanding Development in a Cultural Context: The Challenge for Teachers," in Bruce L. Mallory, and Rebecca S. New, eds., *Diversity and Developmentally Appropriate Practices: Challenges for Early Childhood Education*. New York: Teachers College Press, 1994, 119–133.

Brazelton, T. B., "A Child Oriented Approach to Toilet Training." *Pediatrics* 29(1), January 1962.

Bredekamp, Sue, ed., *Developmental Appropriate Practice in Early Childhood Programs Serving Children from Birth Through Age 8*. Washington, D.C.: National Association for the Education of Young Children, 1997.

Brown, Joseph E., *The Spiritual Legacy of the American Indian*. New York: Crossroad, 1982.

Cajete, Gregory, *Look to the Mountain: An Ecology of Indigenous Education*. Durango, Colo.: Kivaki Press, 1994.

Campbell, Kate, "Energy Program Helps Refugees Make Transition to Life in the U.S." *PG&E Progress*, April 1985.

Cannella, Gaile Sloan, *Deconstructing Early Childhood Education: Social Justice and Revolution*. New York: Peter Lang, 1997.

Carroll, Raymonde, *Cultural Misunderstandings: The French-American Experience*. Chicago: University of Chicago Press, 1988.

Caudill, W., and H. Winstein, "Maternal Care and Infant Behavior in Japan and America." *Psychiatry* 1969, 32, 12–43.

Chan, I. *The Hmong in America: Their Cultural Continuities and Discontinuities*. St. Paul, Minn.: University of Minnesota, 1981, ERIC, ED 217 105.

Chan, J., "Chinese Intelligence," in M. H. Bond, ed., *The Handbook of Chinese Psychology*. Hong Kong: Oxford University Press, 1996.

Chang, Hedy, *Affirming Children's Roots: Cultural and Linguistic Diversity in Early Care and Education*. San Francisco: California Tomorrow, 1993.

Chao, R., "Beyond Parental Control and Authoritarian Parenting Style: Understanding Chinese Parenting Through the Cultural Notion of Training." *Child Development* 65, 1994, 1111–1119.

Chen, X., K. Rubin, G. Gen, P. Hastings, H. Chen, and S. Stewart, "Child-Rearing Attitudes and Behavioral Inhibition in Chinese and Canadian Toddlers: A Cross-Cultural Study." *Developmental Psychology* 34 (4), 1998, 677–686.

Chu, G., "The Changing Concept of Self in Contemporary China," in A. J. Marsella, G. GeVos, and F. L. K. Hsu, eds., *Culture and Self: Asian and Western Perspectives*. New York: Tavistock, 1985, 252–277.

Chud, G., and R. Fahlman, *Early Childhood Education for a Multicultural Society: A Handbook for Educators*. Vancouver: Pacific Educational Press, 1990.

Coll, Cynthia Garcia, Gontran Lamberty, Renée Jenkins, Harriet Pipes McAdoo, Keith Crnic, Barbara Wasik, Garcia Hanna, and Heidie Vazquez, "An Integrative Model for the Study of Developmental Competencies in Minority Children." *Child Development* 67, 1996, 1891–1914.

Comer, J., "Research and the Black Backlash." *American Journal of Orthopsychiatry* 40, 1970, 8–11.

Comer, J. P., and A. F. Poussaint, *Black Child Care*. New York: Simon & Schuster, 1975.

Crawford, James, *Bilingual Education: History, Politics, Theory and Practice*. Trenton, N.J.: Crane, 1989.

Cronin, Sharon, Louise Derman-Sparks, Sharon Henry, Cirecie Olatunji, and Stacey York, *Future Vision, Present Work: Learning from the Culturally Relevant Anti-Bias Leadership Project*. St. Paul, Minn.: Redleaf, 1998.

Cummins, Jim, *Negotiating Identities: Education for Empowerment in a Diverse Society*. Ontario, Calif.: California Association for Bilingual Education, 1996.

Delpit, Lisa, "The Silenced Dialogue: Power and Pedagogy in Educating Other People's Children." *Harvard Educational Review* 58(3), 1988, 280–298.

Delpit, Lisa, *Other People's Children: Cultural Conflict in the Classroom*. New York: New Press, 1995.

Derman-Sparks, Louise, "The Process of Culturally Sensitive Care," in Peter Mangione, ed., *Infant/Toddler Caregiving: A Guide to Culturally Sensitive Care*. Sacramento: Far West Laboratory and California Department of Education, 1995.

Derman-Sparks, Louise, and the ABC Task Force, *Antibias Curriculum: Tools for Empowering Young Children*. Washington, D.C.: National Association for the Education of Young Children, 1989.

Derman-Sparks, Louise, and Carol Brunson Phillips, *Teaching/Learning Anti-Racism*. New York: Teachers College Press, 1997.

Dorris, Michael, *Paper Trail*. New York: HarperCollins, 1994.

Dreikurs, Rudolf, and Loren Grey, *Logical Consequences: A New Approach to Discipline.* New York: Dutton, 1990.

Dung Trinh Ngoc, "Understanding Asian Families: A Vietnamese Perspective." *Children Today,* March–April 1984.

Duong Thanh Binh, *A Handbook for Teachers of Vietnamese Students: Hints for Dealing with Cultural Differences in Schools.* Arlington, Va.: Center for Applied Linguisitics, 1975.

Edwards, Carolyn P., and Lella Gandini, "Teachers' Expectations About the Timing of Developmental Skills: A Cross-Cultural Study." *Young Children,* May 1989, 15–19.

Edwards, Patricia, Kathleen L. Fear, and Margaret A. Gallego, "Role of Parents in Responding to Issues of Linguistic and Cultural Diversity," in Eugene E. Garcia, and Barry McLaughlin, eds., with Bernard Spokek, and Olivia N. Saracho, *Meeting the Challenge of Linguistic and Cultural Diversity in Early Childhood Education.* New York: Teachers College Press, 1995, 141–153.

Edwards, Carolyn Pope, Lella Gandini, Donatella Giovaninni, "The Contrasting Developmental Timetables of Parents and Preschool Teachers in Two Cultural Communities," in Sara Harkness and Charles M. Super, eds., *Parents' Cultural Belief Systems.* New York: Guiliford Press, 1996, 270–288.

Ehling, Marta Borbon, "The Mexican American (El Chicano)," in A. L. Clark, ed., *Culture and Childrearing.* Philadelphia: F. A. Davis, 1981.

Ellison, Sharon, *Don't Be So Defensive!* Kansas City, Mo.: Andrews McMeel, 1998.

Fadiman, Anne, *The Spirit Catches You and You Fall Down: A Hmong Child, Her American Doctors, and the Collision of Two Cultures.* New York: Noonday Press, 1997.

Fantini, M. D., and R. Cardenas, eds., *Parenting in a Multicultural Society.* New York: Longman, 1980.

Fasoli, Lyn, and Janet Gonzalez-Mena, "Let's Be Real: Authenticity in Child Care." *Exchange,* March 1997, 35–40.

Fenichel, Emily S., and Linda Eggbeer, *Preparing Practitioners to Work with Infants, Toddlers, and Their Families: Issues and Recommendations for the Professions.* Arlington, Va.: National Center for Clinical Infant Programs, 1990.

Fernea, Elizabeth Warnock, *Children in the Muslim Middle East.* Austin: University of Texas Press, 1995.

Fillmore, Lily Wong, "Luck, Fish Seeds, and Second-Language Learning," in Christine Pearson Casanave and Sandra R. Schecter, eds., *On Becoming a Language Educator.* Mahwah, N.J.: Erlbaum, 1997.

Fisher, Roger, and William Ury, *Getting to Yes: Negotiating Agreement Without Giving In.* New York: Penguin Books, 1991.

France, P., "Working with Young Bilingual Children." *Early Child Development and Care* 10, 1980, 283–292.

Freeman, David E., and Yvonne S. Freeman, *Between Worlds: Access to Second Language Acquisition.* Portsmouth, N.H.: Heinemann, 1994.

Galinsky, Ellen, "From Our President: Why Are Some Parent/Teacher Partnerships Clouded with Difficulties?" *Young Children* 45(5), July 1990, 2–3, 38–39.

Gao, G., S. Ting-Toomey, and W. Gudykunst, "Chinese Communication Processes," in M. H. Bond, ed., *The Handbook of Chinese Psychology*. Hong Kong: Oxford University Press, 1996, 280–293.

Garcia, Eugene, *Understanding and Meeting the Challenge of Student Cultural Diversity*. Boston: Houghton Mifflin, 1994.

Garcia, Eugene, Student *Cultural Diversity: Understanding and Meeting the Challenge*, 2nd ed. New York: Houghton Mifflin, 1999.

Garcia, Eugene E., and Barry McLaughlin, eds., with Bernard Spokek, and Olivia N. Saracho, *Meeting the Challenge of Linguistic and Cultural Diversity in Early Childhood Education*. New York: Teachers College Press, 1995.

Gardner, Howard, *Frames of Mind*. New York: Basic Books, 1983.

Gardner, Howard, *To Open Minds, Chinese Clues to the Dilemma of Contemporary Education*. New York: Basic Books, 1989.

Garrett, W. E., "The Hmong of Laos: No Place to Run." *National Geographic* 141, January 1974, 78–111.

Garrett, W. E., "Thailand: Refuge from Terror." *National Geographic* 157, May 1980, 633–642.

Genishi, Celia, and Margaret Borrego Brainard, "Assessment of Bilingual Children: A Dilemma Seeking Solutions" in Eugene E. Garcia, and Barry McLaughlin, eds., with Bernard Spokek, and Olivia N. Saracho, *Meeting the Challenge of Linguistic and Cultural Diversity in Early Childhood Education*. New York: Teachers College Press, 1995, 49–62.

Gerber, M., ed., *Manual for Resources for Infant Educarers*. Los Angeles: Resources for Infant Educarers, 1988.

Gomez, Mary Louise, "Breaking Silences: Building New Stories of Classroom Life Through Teacher Transformation," in Shirley A. Kessler, and Beth Blue Swadener, eds., *Reconceptualizing the Early Childhood Curriculum: Beginning the Dialogue*. New York: Teachers College Press, 1992, 165–188.

Gonzalez-Mena, Janet, "English as a Second Language for Preschool Children," in C. B. Cazden, ed., *Language in Early Childhood Education*, rev. ed. Washington, D.C.: NAEYC, 1981, 127–132.

Gonzalez-Mena, Janet. *A Caregiver's Guide to Routines in Infant-Toddler Care*. Sacramento: State of California, Department of Education, Child Development Division, The Center for Child and Family Studies, Far West Laboratory for Educational Research and Development, 1990.

Gonzalez-Mena, Janet, "Do You Have Cultural Tunnel Vision?" *Child Care Information Exchange*, July–August 1991, 29–31.

Gonzalez-Mena, Janet, "Taking a Culturally Sensitive Approach in Infant-Toddler Programs." *Young Children* 47(2), January 1992, 4–9.

Gonzalez-Mena, Janet, *The Child in the Family and the Community*. New York: Merrill, 1993.

Gonzalez-Mena, Janet, "The Man Who Ordered a Tortilla and Got an Omelette," in *Family Information Services*. Minneapolis, Minn.: Family Information Services, 1995, pp. M & O, 5–6.

Gonzalez-Mena, Janet, "Cultural Sensitivity in Routine Caregiving Tasks," in Peter Mangione, ed., *Infant/Toddler Caregiving: A Guide to Culturally Sensitive Care*. Sacramento: Far West Laboratory and California Department of Education, 1995.

Gonzalez-Mena, Janet, "When Values Collide." *Exchange*, March 1996, 30–32.

Gonzalez-Mena, Janet, "Lessons from My Mother-in-Law: A Story about Discipline." *Exchange*, January 1997, 44–46.

Gonzalez-Mena, Janet, "Cross-Cultural Conferences." *Exchange*, July 1997, 55–57.

Gonzalez-Mena, Janet, "Understanding the Parent's Perspective: Independence or Interdependence?" *Exchange*, September 1997, 61–63.

Gonzalez-Mena, Janet, "Dialogue to Understanding Across Cultures." *Exchange*, July 1999, 6–8.

Gonzalez-Mena, Janet, and Judith K. Bernhard, "Out-of-Home Care of Infants and Toddlers: A Call for Cultural and Linguistic Continuity." *Interaction* 12(2), Summer 1998, 14–15.

Gonzalez-Mena, Janet, Navaz Bhavnagri, "Diversity and Infant/Toddler Caregiving," *Young Children*, forthcoming.

Gonzalez-Mena, Janet, and D. Widmeyer Eyer, *Infants, Toddlers, and Caregivers*. Mountain View, Calif.: Mayfield, 2001.

Gonzalez-Mena, Janet, and Anne Stonehouse, "In the Child's Best Interests." *Child Care Information Exchange*, November 1995, 17–20.

Greenberg, Polly, "Teaching About Native Americans or Teaching About People, Including Native Americans?" *Young Children*, September 1992.

Greenman, Jim, "Living in the Real World: Diversity and Conflict." *Exchange*, October 1989, 11.

Gudykunst, W. B., ed., *Intercultural Communication Theory: Current Perspectives*. Beverly Hills, Calif.: Sage, 1983.

Hakuta, K., *Mirror of Language*. New York: Basic Books, 1986.

Hale, Janice E., "An African-American Early Childhood Education Program: Visions for Children," in Shirley A. Kessler, and Beth Blue Swadener, eds., *Reconceptualizing the Early Childhood Curriculum: Beginning the Dialogue*. New York: Teachers College Press, 1992, 205–224.

Hale, Janice E., *Black Children: Their Roots, Culture and Learning Styles*. Baltimore, Md.: Johns Hopkins University Press, 1986.

Hale, Janice E., "The Transmission of Cultural Values to Young African American Children." *Young Children* 46(6), September 1991, 7–15.

Hall, Edward T., *Beyond Culture*. Garden City, N.Y.: Anchor Books, 1977.

Harkness, Sara, and Charles M. Super, eds., *Parents' Cultural Belief Systems*. New York: Guiliford Press, 1996.

Harwood, Robin L., Joan G. Miller, and Nydia Lucca Irizarry, *Culture and Attachment: Perceptions of the Child in Context*. New York, Guiliford Press, 1995.

Heath, Shirley Brice, *Ways with Words: Language, Life and Work in Communities and Classrooms*. Cambridge: Cambridge University Press, 1983.

Hildebrand, Verna, Lillan A. Phenice, Mary M. Gray, and Rebecca P. Hines, *Knowing and Serving Diverse Families*. Englewood Cliffs, N.J.: Prentice Hall, 1996.

Holtzman, Wayne H., Rogelio Diaz-Guerrero, and Jon D. Swartz, *Personality Development in Two Cultures: A Cross-Cultural Longitudinal Study of School Children in Mexico and the United States*. Austin: University of Texas Press, 1975, 359.

hooks, bell, *Killing Rage: Ending Racism*. New York: Henry Holt, 1995.

Hopson, Darlene Powell, and Derek S. Hopson, *Different and Wonderful: Raising Black Children in a Race-Conscious Society*. Englewood Cliffs, N.J.: Prentice Hall, 1990.

Howard, G. R., "Whites in Multicultural Education: Rethinking Our Role." *Phi Delta Kappan*, September 1993, 36–41.

Hsu, Francis L. K., *Americans and Chinese: Purpose and Fulfillment in Great Civilizations*. Garden City, N.Y.: Natural History Press, 1970.

Hsu, Francis, *Americans and Chinese: Passage to Differences*, 3rd ed., Honolulu: University Press of Hawaii, 1981.

Hsu, J., "The Chinese Family: Relations, Problems, and Therapy," in W. S. Tseng and D. Y. H. Wu, eds., *Chinese Culture and Mental Health*. Orlando, Fla.: Academic Press, 1985.

Hyun, Eunsook, *Making Sense of Developmentally and Culturally Appropriate Practice (DCAP) in Early Childhood Education*. New York, Peter Lang, 1998.

Jipson, J., "Extending the Discourse on Developmental Appropriateness: A Developmental Perspective." *Early Education and Development* 2(2), 1991, 95–108.

Johnson-Powell, Gloria, and Joe Yamamoto, eds., *Transcultural Child Development*. New York: Wiley, 1997.

Jones, Elizabeth, *Teaching Adults: An Active Learning Approach*. Washington, D.C.: National Association for the Education of Young Children, 1987.

Jones, Elizabeth, and Louise Derman-Sparks, "Meeting the Challenge of Diversity." *Young Children* 47(2), January 1992, 12–18.

Jones, Elizabeth, and John Nimmo, *Emergent Curriculum*. Washington, D.C.: National Association for Education of Young Children, 1994.

Kagan, Jerome, *The Nature of the Child*. New York: Basic Books, 1984.

Kagiticibasi, Cigdem, *Family and Human Development Across Cultures*. Mahwah, N.J.: Erlbaurm, 1996.

Katz, Lilian, "Child Development Knowledge and Teacher Preparation: Confronting Assumptions." *Early Childhood Research Quarterly* 11(2), 1996, 135–146.

Kawagley, A. Oscar, *A Yupiaz Worldview: A Pathway to Ecology and Spirit*. Prospect Heights, Ill.: Waveland Press, 1995.

Kendall, F., *Diversity in the Classroom*. New York: Teachers College Press, 1983.

Kennedy, Geraldine, ed., *From the Center of the Earth: Stories Out of the Peace Corps*. Santa Monica, Calif.: Clover Park Press, 1991.

Kessler, S., and B. Swaderner, *Reconceptualizing the Early Childhood Curriculum, Beginning the Dialogue*. New York: Teachers College Press, 1992.

Kincheloe, Joe L., Shirley R. Steinberg, Nelson M. Rodriguez, and Ronals E. Chennault, eds., *White Reign: Deploying Whiteness in America*. New York: St. Martin's Press, 1998.

King, A., and M. Bong, "The Confucian Paradigm of Man: A Sociological View," in W. S. Tseng and D. Y. H. Wu, eds, *Chinese Culture and Mental Health*. Orlando, Fla.: Academic Press, 1985, 29–45.

Kitano, Margie K., "Early Childhood Education for Asian American Children." *Young Children*, January 1980, 13–26.

Kitayama, S., H. Markus, and H. Matsumoto, "Culture, Self, and Emotion: A Cultural Perspective on 'Self-Conscious' Emotions," in J. P. Tangeny and K. W. Fischer, eds., *Self-Conscious Emotions: The Psychology of Shame, Guilt, Embarrassment, and Pride*. New York: Guiliford Press, 1995.

Knight, George P., Martha E. Bernal, and Gustavo Carlo, "Socialization and the Development of Cooperative, Competitive, and Individualistic Behaviors Among Mexican American Children," in Eugene E. Garcia, and Barry McLaughlin, eds., with Bernard Spokek, and Olivia N. Saracho, *Meeting the Challenge of Linguistic and Cultural Diversity in Early Childhood Education*. New York: Teachers College Press, 1995, 85–102.

Ladson-Billings, Gloria, *The Dreamkeepers: Successful Teachers of African American Children*. San Francisco: Jossey-Bass, 1994.

Leach, P., *Your Baby and Child from Birth to Age Five*. New York: Knopf, 1987.

Lee, Dorothy, *Freedom and Culture*. Englewood Cliffs, N.J.: Prentice Hall, 1959.

Lee, Fong Yun, "Asian Parents as Partners." *Young Children*, March 1995, 4–8.

Lee, Joann, *Asian Americans*. New York: New Press, 1992.

Lee K., C. Cameron, F. Xu, G. Fu, and J. Board, "Chinese and Canadian Children's Evaluations of Lying and Truth Telling: Similarities and Differences in the Context of Pro- and Antisocial Behaviors." *Child Development* 68(5), 1997, 924–934.

Lee, Lisa, "Working with Non-English-Speaking Families." *Exchange*, July 1997, 57–58.

Lefley, H., and P. Pedersen, eds., *Cross-Cultural Training for Mental Health Professionals*. Springfield, Ill.: Thomas, 1986.

LeVine, Robert A., Sarah LeVine, P. Herbert Leiderman, T. Berry Brazelton, Suzanne Dixon, Amy Richan, and Constant H. Keefer, *Child Care and Culture: Lessons from Africa*. New York: Cambridge University Press, 1994.

LeVine, Robert A., "Child Rearing as Cultural Adaptation," in P. Herbert Leiderman, Steven, R. Tulkin, and Anne Rosenfeld, eds., *Culture and Infancy: Varia-*

tions in the Human Experience. New York and San Francisco: Academic Press, 1977.

LeVine, Robert A., "A Cross-Cultural Perspective on Parenting," in M. D. Fantini, and R. Cardenas, eds., *Parenting in a Multicultural Society.* New York: Longman, 1980, 17–26.

Lewis, C. C., *Educating Hearts and Minds: Reflections on Japanese Preschool and Elementary Education.* New York: Cambridge University Press, 1995.

Lieberman, Alicia F., "Concerns of Immigrant Families," in Peter Mangione, ed., *Infant/Toddler Caregiving: A Guide to Culturally Sensitive Care.* Sacramento: Far West Laboratory and California Department of Education, 1995.

Liederman, P. H., et al., *Culture and Infancy: Variations in Human Experience.* New York: Academic Press, 1977.

Lin, C. Y., and V. Fu, "A Comparison of Child-Rearing Practices among Chinese, Immigrant Chinese, and Caucasian-American Parents." *Child Development* 61, 1990, 429–433.

Little Soldier, Lee, "Working with Native American Children." *Young Children* 47(6), September 1992, 15–17.

Lubeck, Sally, *The Sandbox Society: Early Education in Black and White America.* Philadelphia: Falmer Press, 1985.

Lubeck, Sally, "Deconstructing 'Child Development Knowledge' and 'Teacher Preparation.'" *Early Childhood Research Quarterly* 11(2), 1996, 147–168.

Lynch, Eleanor W., and Marci J. Hanson, *Developing Cross-Cultural Competence: A Guide for Working with Young Children and Their Families.* Baltimore, Md.: Brookes, 1992.

Makin, Laurie, Julie Campbell, and Criss Jones Diaz, *One Childhood, Many Languages.* Pymble, NSW, Australia: HarperEducational, 1995.

Mallory, Bruce L., and Rebecca S. New, eds., *Diversity and Developmentally Appropriate Practices: Challenges for Early Childhood Education.* New York: Teachers College Press, 1994.

Mander, Jerry, *In the Absence of the Sacred.* San Francisco: Sierra Club Books, 1991.

Mangione, Peter, ed., *Infant/Toddler Caregiving: A Guide to Culturally Sensitive Care.* Sacramento: Far West Laboratory and California Department of Education, 1995.

Matthiessen, Neba, *The Hmong: A Multicultural Study.* Fairfield, Calif.: Fairfield-Suisun Unified School District, 1987.

McCall, Nathan, *Makes Me Wanna Holler.* New York: Vintage Books, 1994.

McCracken, Janet Brown, *Valuing Diversity: The Primary Years.* Washington, D.C.: National Association for the Education of Young Children, 1993.

McGoldrick, Monica, Joe Giordano, and John K. Pearce, eds., *Ethnicity and Family Therapy,* 2nd ed. New York: Guiliford Press, 1996.

McIntosh, Peggy, *White Privilege and Male Privilege: A Personal Account of Coming to See Correspondences Through Work in Women's Studies.* Working Paper No. 189. Wellesley, Mass.: Wellesley College Center for Research on Women, 1988.

McLoyd, Vonnie, "The Impact of Economic Hardship on Black Families and Children: Psychological Distress, Parenting, and Socioemotional Development. *Child Development* 61, 1990, 311–346.

Means, Russell, *Where White Men Fear to Tread*. New York: St. Martin's Press, 1995.

Medicine, Beatrice, "Child Socialization Among Native Americans: The Lakota (Sioux) in Cultural Context." *Wicazo Sa Review* 1(2), Fall 1985, 23–28.

Miller, P., A. Wiley, H. Gung, and C. H. Liang, "Personal Storytelling as a Medium of Socialization in Chinese and American Families." *Child Development* 68(3), 1997, 557–567.

Miner, Barbara, "Teachers, Culture, and Power: An Interview with African-American Educator Lisa Delpit." *Rethinking Schools*, March/April 1992, 14–16.

Mistry, Jayanthi, "Culture and Learning in Infancy," in Peter Mangione, ed., *Infant/Toddler Caregiving: A Guide to Culturally Sensitive Care*. Sacramento: Far West Laboratory and California Department of Education, 1995.

Morelli, G., B. Rogoff, and D. Oppenheim, "Cultural Variation in Infants' Sleeping Arrangements: Questions of Independence." *Developmental Psychology* 28(4), July 1992, 604–619.

Morrow, Robert D., "Cultural Differences—Be Aware!" *Academic Therapy* 23, November 1987, 2.

Morrow, Robert D., "What's in a Name? In Particular, a Southeast Asian Name?" *Young Children*, September 1989, 20–23.

Native American Parent Preschool Curriculum Guide. Oakland, Calif.: Office of Native American Programs, Division of Educational Development and Services, 1986.

Neihardt, John G., *Black Elk Speaks*. New York: Pocket Books, 1972.

Neugebauer, Bonnie, ed., *Alike and Different: Exploring Our Humanity with Young Children*. Washington, D.C.: National Association for the Education of Young Children, 1992.

New, Rebecca S., and Amy L. Richman, "Maternal Beliefs and Infant Care Practices in Italy and the United States," in Sara Harkness and Charles M. Super, eds., *Parents' Cultural Belief Systems*. New York: Guiliford Press, 1996, 385–404.

Nourot, Patricia Monighan, Barbara Scales, Judith Van Horn, and Milly Almy, *Looking at Children's Play: A Bridge Between Theory and Practice*. New York: Teachers College Press, 1987.

Nugent, J. Kevin, "Cross-Cultural Studies of Child Development: Implications for Clinicians." *Zero to Three* 15(2), October/November 1994, 1–7.

Ogbu, John U., "Understanding Cultural Diversity and Learning," *Educational Researcher*, November 1992, 5–14.

Outsama, Kao, *Laotian Themes*. Philadelphia: Temple University Press, 1977.

Patterson, Monica Beatriz Demello, "America's Racial Unconscious: The Invisibility of Whiteness," in Joe L. Kincheloe, Shirley R. Steinberg, Nelson M. Rodriguez, and Ronals E. Chennault, eds., *White Reign: Deploying Whiteness in America*. New York: St. Martin's Press, 1998, 103–122.

Pence, Alan R., "Reconceptualizing ECCD in the Majority World: One Minority World Perspective." *International Journal of Early Childhood* 30(2), 1998, 19–30.

Phillips, Carol Brunson, "Nurturing Diversity for Today's Children and Tomorrow's Leaders." *Young Children* 43(2), 1988, 42–47.

Phillips, Carol Brunson, "The Movement of African-American Children Through Sociocultural Contexts: A Case of Conflict Resolution," in Bruce L. Malloy, and Rebecca S. New, eds., *Diversity and Developmentally Appropriate Practices: Challenges for Early Childhood Education*. New York: Teachers College Press, 1994, 137–154.

Phillips, Carol Brunson, "Culture: A Process That Empowers," in Peter Mangione, ed., *Infant/Toddler Caregiving: A Guide to Culturally Sensitive Care*. Sacramento: Far West Laboratory and California Department of Education, 1995.

Phillips, Carol Brunson, and Renatta M. Cooper, "Cultural Dimensions of Feeding Relationships." *Zero to Three*, June 1992, 10–13.

Price, William, F., and Richley H. Crapo, *Cross-Cultural Perspectives in Introductory Psychology*. Belmont, Calif.: Wadsworth, 1999.

Procidano, Mary E., and Celia B. Fisher, *Contemporary Families: A Handbook for School Professionals*. New York: Teachers College Press, 1992.

Rael, Joseph, *Being and Vibration*, Tulsa, Okla.: Council Oak Books, 1993.

Ramirez, M., and A. Castenada, *Cultural Democracy, Bicognitive Development and Education*. New York: Academic Press, 1974.

Ramsey, Patricia, and Louise Derman-Sparks, "Viewpoint: Multicultural Education Reaffirmed." *Young Children* 39(2), January 1992, 10–11.

Rashid, H. B., "Promoting Biculturalism in Young African-American Children." *Young Children* 39(2), 1984, 12–23.

Rodriguez, R., *The Hunger of Memory: The Education of Richard Rodriguez*. New York: Bantam Books, 1983.

Rogoff, Barbara, *Apprenticeship in Thinking*. New York: Oxford University Press, 1900.

Rogoff, Barbara, Frances Stott, Barbara Bowman, "Child Development Knowledge: A Slippery Base for Practice." *Early Childhood Research Quarterly* 11(2), 1996, 1169–1184.

Root, Maria, Christine Ho, and Stanley Sue, "Issues in the Training of Counselors for Asian Americans," in H. Lefley, and P. Pedersen, eds., *Cross-Cultural Training for Mental Health Professionals*. Springfield, Ill.: Thomas, 1986.

Ross, Allen C. (Ehanamani), *Mitakuye Oyasin: We Are All Related*. Denver, Colo.: Wichoni Waste, 1989.

Russell, J. A., and M.-S. M. Yik, "Emotion among the Chinese," in M. H. Bond, ed., *The Handbook of Chinese Psychology*. Hong Kong: Oxford University Press, 1996, 166–188.

Sandoval, M., and M. De La Roza, "A Cultural Perspective for Serving the Hispanic Client," in Harriet Lefley, and Paul Pedersen, *Cross-Cultural Training for Mental Health Professionals*. Springfield, Ill.: Thomas, 1986.

Sandoz, M., *Crazy Horse: The Strange Man of the Oglalas*. Lincoln: University of Nebraska Press, 1961.

Saracho, Olivia N., and Bernard Spodek, "Preparing Teachers for Early Childhood Programs," in Eugene E. Garcia, and Barry McLaughlin, eds., with Bernard Spokek, and Olivia N. Saracho, *Meeting the Challenge of Linguistic and Cultural Diversity in Early Childhood Education*. New York: Teachers College Press, 1995, 154–166.

Saracho, O. N., and B. Spodek, eds., *Understanding the Multicultural Experience in Early Childhood Education*. Washington, D.C.: National Association for the Education of Young Children, 1983.

Shareef, Intisar, and Janet Gonzalez-Mena, "Beneath the Veneers of Resistance and Professionalism." *Exhange*, May 1997, 6–8.

Shick, Lyndall, Understanding Temperament. Seattle, Wash.: Parenting Press, 1998.

Sholtys, Katherine Cullen, "A New Language, A New Life: Recommendations for Teachers of Non-English-Speaking Children Newly Entering the Program." *Young Children*, March 1989, 76–77.

Sigel, Irving E., and Myung-In Kim, "The Answer Depends on the Question: A Conceptual and Methodological Analysis of a Parent Belief-Behavior Interview Regarding Children's Learning," in Sara Harkness, and Charles.M. Super, eds., *Parents' Cultural Belief Systems*. New York: Guiliford Press, 1996, 83–120.

Slapin, Beverly, and Doris Seale, *Books without Bias: Through Indian Eyes*. Berkeley, Calif.: Oyate, 1988.

Small, Meredith, *Our Babies, Ourselves: How Biology and Culture Shape the Way We Parent*. New York: Anchor Books, 1998.

Snowden, Lonnie R., "Toward Evaluation of Black Psycho-Social Competence," in Stanley Sue, and Thom Moore, eds., *The Pluralistic Society*. New York: Human Sciences Press, 1984.

Sodetaini-Shibata, Aimee Emiko, "The Japanese American," in A. L. Clark, ed., *Culture and Childrearing*. Philadelphia: F. A. Davis, 1981.

Soto, Lourdes Diaz, "Understanding Bicultural/Bilingual Young Children." *Young Children*, January 1991.

Soto, Lourdes Diaz, *Language, Culture, and Power: Bilingual Families and the Struggle for Quality Education*. New York: State College of New York Press, 1997.

Soto, Lourdes Diaz, and Jocelynn L. Smrekar, "The Politics of Early Bilingual Education," in Shirley A. Kessler, and Beth Blue Swadener, eds., *Reconceptualizing the Early Childhood Curriculum: Beginning the Dialogue*. New York: Teachers College Press, 1992, 189–202.

Spencer, Margaret Beale, Geraldine Kearse Brookins, and Allen Walter Recharde, eds., *Beginnings: The Social and Affective Development of Black Children*. Hillsdale, N.J.: Erlbaum, 1985.

Stern, Daniel N., *The Interpersonal World of the Infant*. New York: Basic Books, 1985.

Stewart, Edward C., *American Cultural Patterns: A Cross-Cultural Perspective.* Yarmouth, Maine: Intercultural Press, 1972.

Stipek, D., "Differences Between Americans and Chinese in the Circumstances Evoking Pride, Shame, and Guilt." *Journal of Cross-Cultural Psychology,* 29(5), 1998, 616–629.

Storti, Craig, *The Art of Crossing Cultures.* Yarmouth, Maine: Intercultural Press, 1990.

Stringfellow, L., N. D. Liem, and L. Liem, in Ann L. Clark, ed., *Culture and Childrearing.* Philadelphia: F. A. Davis, 1981.

Sturm, Connie, "Intercultural Communication in Child Care: Creating Parent-Teacher Dialogue." Master's thesis, 1995.

Sue, Stanley, and Thom Moore, eds., *The Pluralistic Society.* New York: Human Sciences Press, 1984.

Sung, B. L. *Chinese Immigrant Children in New York City: The Experience of Adjustment.* New York: Center for Migration Studies, 1987.

Takaki, Ronald, *A Different Mirror: A History of Multicultural America.* Boston: Back Bay Books, 1993.

Tedla, Elleni, *Sankofa: African Thought and Education.* New York: Peter Lang, 1995.

Thorman, E. B., and S. Browder, *Born Dancing.* New York: Harper & Row, 1987.

Tizard, Barbara, and Martin Hughes, *Young Children Learning.* Cambridge, Mass.: Harvard University Press, 1984.

Tobaissen, Dora Pulido, and Janet Gonzalez-Mena, *A Place to Begin: Working with Parents on Issues of Diversity,* Oakland, Calif.: California Tomorrow, 1998.

Tobin, Joseph J., David Y. H. Wu, and Dana H. Davidson, *Preschool in Three Cultures.* New Haven, Conn.: Yale University Press, 1989.

Trawick-Smith, Feffrey, *Early Childhood Development: A Multicultural Perspective.* Columbus, Ohio: Merrill, 1997.

Tronick, E. Z., G. A. Morelli, and S. Winn, "Multiple Caretaking of Efe (Pygmy) Infants." *American Anthropologist* 89, 1987, 96–106.

Trueba, H. T., *Raising Silent Voices.* Boston: Heinle and Heinle, 1989.

Valdes, Guadalupe, *Con Respeto: Bridging the Distances Between Culturally Diverse Families and Schools.* New York: Teachers College Press, 1996.

Villarruel, Francisco A., David R. Imig, and Marjorie, J. Kostelnik, "Diverse Families," in Eugene G. Garcia, and Barry McLaughlin, eds., with Bernard Spokek, and Olivia N. Saracho, *Meeting the Challenge of Linguistic and Cultural Diversity in Early Childhood Education.* New York: Teachers College Press, 1995, 103–124.

Wagner, Daniel A., and Harold W. Stevenson, eds., *Cultural Perspectives on Child Development.* San Francisco: Freeman, 1982.

Wardel, Francis, "Are You Sensitive to Interracial Children's Special Identity Needs?" *Young Children,* January 1987, 53–59.

Wardel, Francis, "Endorsing Children's Differences: Meeting the Needs of Adopted Minority Children." *Young Children,* July 1990, 44–46.

Werner, E. *Cross-Cultural Child Development: A View from the Planet Earth.* Monterey, Calif.: Brooks/Cole, 1979.

Whiting, Blyth, Beatrice Edwards, and Carolyn Pope, *Children of Different Worlds: The Formation of Social Behavior.* Cambridge, Mass.: Harvard University Press. 1988.

Williams, Leslie R., "Developmentally Appropriate Practice and Cultural Values: A Case in Point," in Bruce L. Mallory, and Rebecca S. New, eds., *Diversity and Developmentally Appropriate Practices: Challenges for Early Childhood Education.* New York: Teachers College Press, 1994, 155–165.

Wolf, Abraham W., Betsy Lozoff, Sara Latz, and Roberto Paludetto, "Parental Theories in the Management of Young Children's Sleep in Japan, Italy and the United States," in Sara Harkness and Charles M. Super, eds., *Parents' Cultural Belief Systems.* New York: Guiliford Press, 1996, 364–384.

Wong-Fillmore, Lilly, "When Learning a Second Language Means Losing the First." *Early Childhood Research Quarterly* 6, 1991.

Wright, Marguerite A., *I'm Chocolate, You're Vanilla: Raising Healthy Black and White Children in a Race-Conscious World.* San Francisco, Jossey-Bass, 1998.

Wu, D., "Child Training in Chinese Culture," in W. S. Tseng, and D. Y. H. Wu, eds., *Chinese Culture and Mental Health.* Orlando, Fla.: Academic Press, 1985, 113–134.

Wu, D., "Chinese Childhood Socialization," in M. H. Bond, *The Handbook of Chinese Psychology.* Hong Kong: Oxford University Press, 1996, 143–154.

Wu, D. and W. Tseng, "Family and Child," in W. S. Tseng and D. Y. H. Wu, eds., *Chinese Culture and Mental Health.* Orlando, Fla.: Academic Press, 1985, 83–84.

Yntema, Sharon, *Vegetarian Children.* Ithaca, N.Y.: McBooks Press, 1987.

York, Stacy, *Roots and Wings: Affirming Culture in Early Childhood Programs.* St. Paul, Minn.: Redleaf Press, 1991.

Young, V. H., "Family and Childhood in a Southern Negro Community." *American Anthropoligist* 72, 1970, 269–288.

Young, V. H., "A Black American Socialization Pattern." *American Ethnologist* 1, 1974, 405–413.

訳者紹介

植田　都（うえだ・みやこ）
1998年　聖和大学大学院教育学研究科博士後期課程単位取得満了
現　在　関西外国語大学短期大学部　助教授　博士（教育学）
主　著
　『子育てダイエット』　国際通信社　1998
　『幼児の異文化理解及びその教育に関する研究』　風間書房　2000
　『レッジョ・エミリア保育実践入門』（分担訳）　北大路書房　2000
　『人権問題の歴史と教育』（共著）　明石書店　2001
　『幼児・小学生の人権プロジェクト支援ガイド』（分担訳）　解放出版社　2003

日浦直美（ひうら・なおみ）
1984年　聖和大学大学院教育学研究科（幼児教育学専攻）修士課程修了
現　在　聖和大学教育学部　教授
主　著
　『ななめから見ない保育：アメリカの人権カリキュラム』（共訳）　解放出版社　1993
　『幼児の保育と教育：質の高い保育ビジョンを求めて』（共著）　学文社　2002
　『新・保育士養成講座第7巻　保育原理』（共著）　全国社会福祉協議会　2002
　『家族援助論：新現代家族の創造と共育』（共著）　光生館　2003
　『保育内容総論〈保育・教育ネオシリーズ4〉』（共著）　同文書院　2003

多文化共生社会の保育者
―ぶつかってもだいじょうぶ―

| 2004年4月1日 | 初版第1刷印刷 | 定価はカバーに表示 |
| 2004年4月5日 | 初版第1刷発行 | してあります。 |

著　者　　J. ゴンザレス-メーナ
訳　者　　植　田　　　都
　　　　　日　浦　直　美
発行者　　小　森　公　明
発行所　　㈱北大路書房
〒603-8303　京都市北区紫野十二坊町12-8
　　　　　電話（075）431-0361㈹
　　　　　FAX（075）431-9393
　　　　　振替　01050-4-2083

ⓒ 2004　　制作／見聞社　印刷・製本／㈱シナノ
検印省略　落丁・乱丁本はお取り替えいたします。
ISBN4-7628-2374-0　　Printed in Japan